シリーズ・症例が語る「発達障害」②

小学校低学年

発達障害が映す子どもたち

症状が表面に見えてくる

崎濱盛三［著］

ミネルヴァ書房

刊行にあたって

発達障害者支援法が平成十七年（二〇〇五）四月に施行されてから、発達障害という言葉は随分と知られるようになったのではないでしょうか。

発達障害に関する本も無数に出ています。それにもかかわらず専門家の数は相変わらず少なく、支援を求めて行った発達障害者支援センターなのに理解してもらえなかったと嘆く当事者も少なくありません。

治療薬の扱いにも問題があります。ＡＤＨＤ（注意欠如・多動症）治療薬はかなり助けになる薬なのですが、それ故にＡＤＨＤ以外の発達障害を見落としてしまうことにもなっています。問題が解決しないのはこのＡＤＨＤ治療薬に反応しないからだろうと、数種類ある薬を次々に試すことになります。問題はそこではないのに……子どもの大切な時間だけが過ぎていきます。

発達障害の理解を難しくしているのは、やはり自閉スペクトラム症の奥の深さだと感じます。自閉スペクトラム症を構成する問題（中心症状）は二つあります。大きな枠組みで捉えると、一つは「言葉」の問題で、もう一つは「強迫」の問題です。

人間は言葉でものを考え、言葉で環境世界を捉えます。人間があらゆる生物の中で大きな顔をしているのは、言葉を獲得したからでしょう。強迫は自分ではコントロールするのが難しい衝動行為です。これは古くからある脳の仕業と考えられます。

このように自閉スペクトラム症は、中心問題として、極めて人間的な「言葉の問題」と極めて動物的な「強迫の問題」という、二つの大問題を抱えているのです。しかもそれは生来的、持続的です。即ち自閉スペクトラム症の二つの問題は、生活の中に浸透し、知らず知らずのうちにストレスを与え続けています。そしてそれが徐々に体調不良などの身体の問題や不登校などの社会的問題となって姿を現わすことになります。

その姿は発達の段階や環境などの要因によって様々な形で現われます。姿を潜めて気付かれずにいることもあります。それが「スペクトラム」という名称の所以《ゆえん》です。

子どもの発達障害の臨床では、就学前、小学校低学年、小学校高学年、中学、高校と子どもの成長に伴って現われる姿が変化していくのが見てとれます。そこで、この『発達障害が映す子どもたち』では、各々を一冊の本にまとめ、全五巻としました。「発達障害」を透して、子どもたちのことが新たに浮き彫りになればと思っています。子どもは未熟な大人ではありません。それぞれの年代を一所懸命に生きる「成人」なのです。

二〇二〇年一月八日

崎濱盛三

小学校低学年　発達障害が映す子どもたち
——症状が表面に見えてくる

目次

本文レイアウト・作画　木野厚志（AND・K）
企画・編集　エディシオン・アルシーヴ

序章
小学校低学年に学ぶ

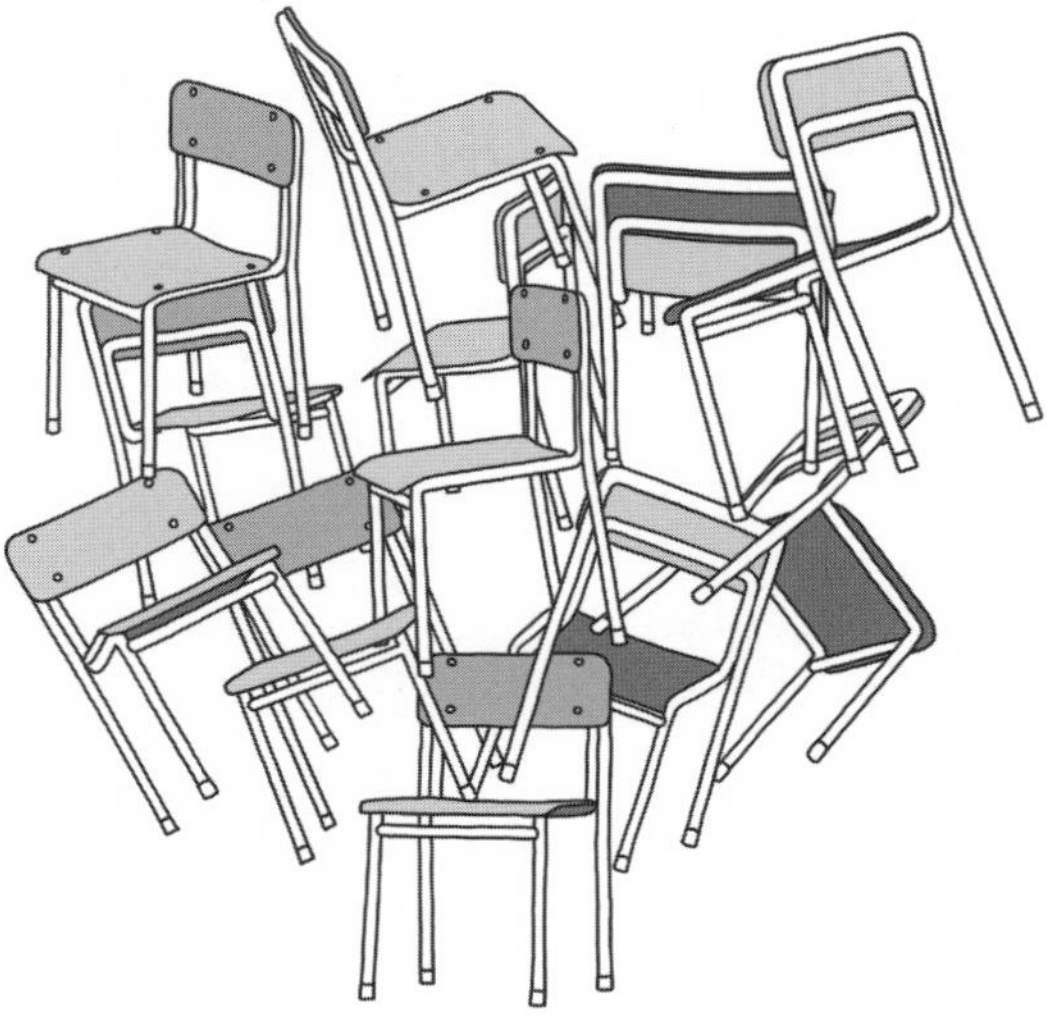

障害の基本的特性

本書は小学校低学年の子どもたちについての話です。

小学校に入ると就学前に比べて社会も広がり、要求されることも増えて来ます。学校では一所《ひとところ》できちんと課題に取り組むことが必要です。そして皆と一緒に勉強出来る学習能力の問題も出て来ます。対人関係では個人と個人の関係を上手く作っていかなければなりません。そのため発達の課題も就学前よりわかりやすい形で見えて来ます。

しかし、同じ小学生と言っても、低学年と高学年とでは大きく状況が異なります。高学年になると、学習内容は抽象化が増して来ますし、思春期の始まりですので、こころの面でも少し複雑になって来ます。つまり内面の世界が広がりを見せて来ますので、〝ものの〟の見方や考え方などといった目に見えにくい面で、「発達の課題」が現われて来ます。

そしてそれは年齢を追うごとに複雑さを増してゆきますから、発達障害の問題では、この第二巻で扱う小学校低学年が、「障害の基本的な特性」を一番わかりやすい形で示してくれる時期と考えられます。

したがって、第二巻は発達障害の基本を知るために、「症例」に入る前に自閉スペクトラム症とＡＤＨＤ（注意欠如・多動症）、ＬＤ（限局性学習症）について述べています。

ＡＤＨＤの理解と治療戦略

第一章ではＡＤＨＤを取り上げています。ＡＤＨＤの中心の特性として挙げられる「不注意」、「多動」、「衝動性」は、一般的な言葉としても用いられるので、他の二つの障害よりも親しみやすいのではないでしょうか。実際に、自分はＡＤＨＤではないかと言って、受診される方も多くいます。ただ、「不注意」、「多動」、「衝動性」の字面だけで判断するとＡＤＨＤの理解は間違ったものになってしまいますので注意が必要です。また、ＡＤＨＤは発達障害の中でも良く効く薬があるので、ＡＤＨＤの理解は発達障害の治療戦略のうえでも重要です。ＡＤＨＤ以外の発達障害においても、ＡＤＨＤの要素が見られることが珍しくありませんので、ＡＤＨＤ治療薬はかなり有用になって来ます。

第一章でのＡＤＨＤの理解はＤＳＭ－５に拠っていますが、ＡＤＨＤを立体的に理解するために歴史的な流れも含めた話になっています。

ＬＤの治療と教育の問題

第二章は、限局性学習症についてです。一般的にＬＤという名称で知られています。

ＬＤは限局性学習症以外の学習困難を含めて使用する場合もあるので、誤解を生む略語なのですが、ここでは限局性学習症にも、一般に知られているＬＤという語を使用しています。

ＬＤは教育の問題が大きいので医者泣かせです。発達障害を診ている専門の機関から、ＬＤかどうかを診て欲しいと依頼があるくらいです。

また、ここでもＤＳＭ－５に準拠した話なのですが、「読み」「書き」に関しては、英語と日本語では言語体系が異なるので苦慮するところです。実際の臨床では、漢字が書けないという訴えが多く、これをどう考えていくかが大きな問題の一つです。

アスペルガーを読む

第三章は自閉スペクトラム症についての話です。このシリーズ全体が自閉スペクトラム症の話になっていますので、あらためて章立てて説明する必要はないかも知れませんが、ここでは自閉スペクトラム症の元祖の一人であるハンス・アスペルガーが、どういう問題意識のもとでこのタイプの子どもたちを取り上げたのかを見ておきたいと思います。

アスペルガーの問題意識はまさに現在の特別支援教育に繋がる話ですので、第二巻で扱うのにふさわしい内容だと思います。

「症例」、ありのままの姿

第四章は症例を取り上げています。個人情報保護の観点から、本質を損なわない程度に細部は変更しています。同様の観点から、少し古い症例を扱っていますので、ＡＤＨＤ治療薬の使用出来る環境が現在とは異なっていることを申し添えておきます。

症例は小学一年生から三年生までの学年ごとに九例ずつ挙げてあります。それぞれの学年ごとの子どもをありのままの姿で描けたらと思い、最初に何かの障害特性を説明する意図をもって症例を選択することを止めました。症例を書いた後で、自分が感じたこと、そして障害特性についてのコメントを少し書いてみました。

子どもの成長の物語

最初にも述べましたように、小学年の低学年は、自閉スペクトラム症の特性がわかりやすい形で現われる時期です。その特性について具体的に語ったつもりですが、それが上手く表わされているかどうか……上手く表現出来ていることを念じて止みません。また、こういう特性を持っている子どもがどういう風に成長していくか、縦断的に見る機会は少ないと思いますので、いくつかの症例では、おおまかな成長過程についても言及しています。成長の経過を見ると、改めてサポートの大切さがわかります。

また障害と言って過度に不安になる必要がないこともわかると思います。支援者の方々は、今のサポートが適切なのかを不安に思われているかも知れませんが、そのつどの一所懸命なサポートが、その子の成長を支えていると思います。

第一章

ADHD（注意欠如・多動症）
自閉スペクトラム症との併存

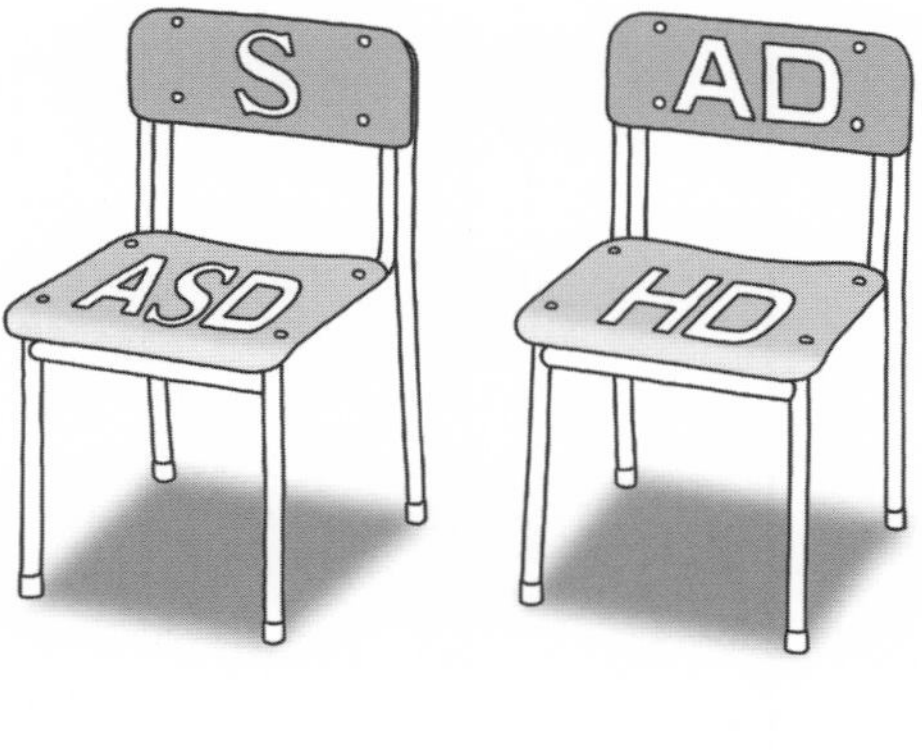

脳の損傷と多動症状

あっちへ行ったりこっちに来たり、高い所に急に上ったりと、三次元空間を目まぐるしく動く子どもを見ると、いったい何事だろうと思うのが普通だと思います。「多動」は早くから目立つ事象でした。

一九一六年の冬から、オーストリアのウィーンで突如として原因不明の脳炎が流行しました。一九一七年にフォン・エコノモ（Von Economo／注1）が記載した嗜眠性脳炎《しみんせいのうえん》（エコノモ脳炎、図1-1）です。この脳炎の流行は一九一八年以降、ドイツ、英国、北米に広がり、ほとんど全世界を席巻するほどの大流行でした。この脳炎の後遺症として、大人はパーキンソニズム（注2）という運動の疾患、子どもには多動症状が見られました。そこで脳の損傷と「多動」の関係が注目されるようになりました。

微細脳損傷と微細脳機能障害

一九五九年にベンジャミン・パサマニック（Benjamin Pasamanick　アメリカの精神科医、児童の発達を研究）らは初めて微細脳損傷（minimal brain damageまたはminimal cerebral damage）という用語を小児神経学に導入しました。一九六〇年以降は、知能が正常で

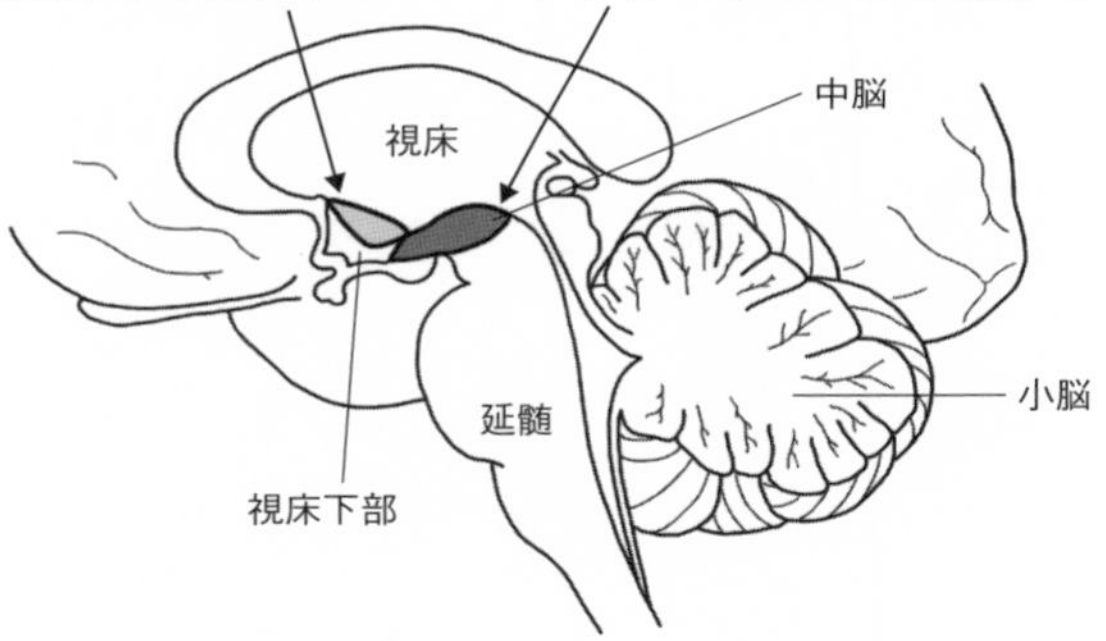
このあたり（視床下部前部）
が障害されると不眠になる
このあたり（視床下部後部から中脳に
かけて）が障害されると嗜眠になる

図1-1　エコノモ脳炎

当時の脳科学では、脳炎の患部は大脳辺縁系の「このあたり」と推測するしか出来なかった。現在、この推測が正しかったことが証明されている。

ありながら、行動異常や学習能力の障害を持つ子どもに、微細脳損傷という用語が用いられることになりました。その後この便利な病名は乱用され過ぎたことや、「脳損傷」という言葉が両親に絶望感を与えたり、当の子どもたちへの偏見を助長したりすることなどから、一九六二年から一九六三年にアメリカで催されたシンポジウムで微細脳機能障害（minimal brain dysfunction　MBD）という言葉を用いることになりました。MBDは脳の構造的な損傷というより神経伝達の問題と考えられました。MBDを持つ子どもたちには、多動と学習能力の障害を持つ子どもが含まれています。

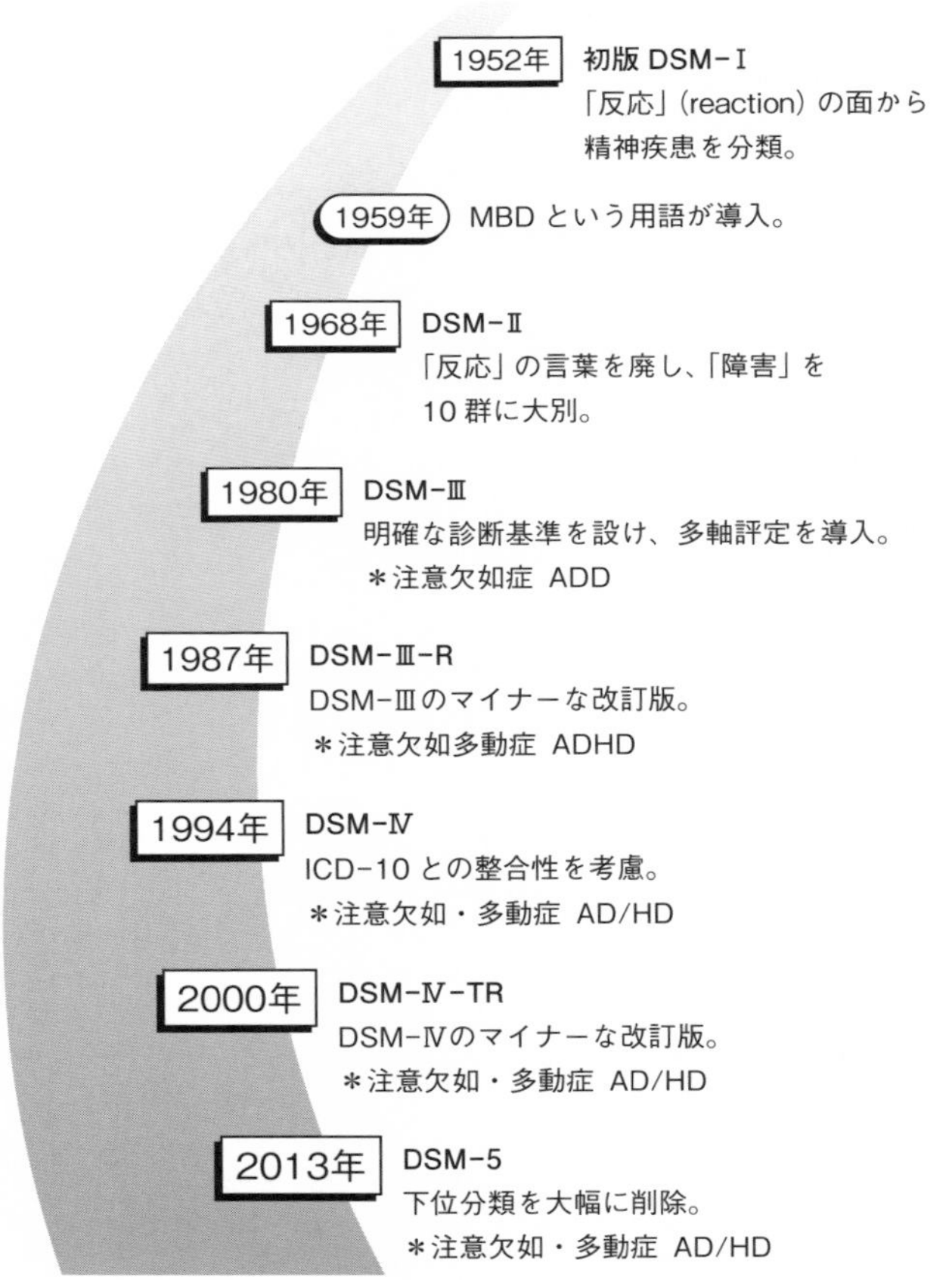
1952年
初版 DSM−Ⅰ
「反応」(reaction) の面から
精神疾患を分類。
1959年
MBD という用語が導入。
1968年
DSM−Ⅱ
「反応」の言葉を廃し、「障害」を
10 群に大別。
1980年
DSM−Ⅲ
明確な診断基準を設け、多軸評定を導入。
＊注意欠如症 ADD
1987年
DSM−Ⅲ−R
DSM−Ⅲのマイナーな改訂版。
＊注意欠如多動症 ADHD
1994年
DSM−Ⅳ
ICD−10 との整合性を考慮。
＊注意欠如・多動症 AD/HD
2000年
DSM−Ⅳ−TR
DSM−Ⅳのマイナーな改訂版。
＊注意欠如・多動症 AD/HD
2013年
DSM−5
下位分類を大幅に削除。
＊注意欠如・多動症 AD/HD

図1−2　DSMの変遷とADHD

The American Psyschiatric Association, *Diagnostic and statistical manual of mental disorders,5th ed.* (DSM-5), 2013 を参考に作成。

ＭＢＤからＡＤＨＤ、ＬＤへ

一九七一年に発表された論文では注意（attention）の調整がＭＢＤにおいて重要な役割を果たしていると考えられましたが、それだけでは十分な説明が出来ませんでした。多岐の問題を含んで曖昧なＭＢＤの概念は次第にすたれていきました。

しかし二十世紀の初頭には学習障害の問題が感情の問題や社会的に不利な状態、精神遅滞などの問題と考えられていたのに対して、神経学的な基礎を持つ障害と考えた意義は大きいと思われます。そしてＭＢＤは、「注意欠如症　ＡＤＤ（Attention Deficit Disorder）」を経て「注意欠如多動症　ＡＤＨＤ」と「限局的学習症　ＬＤ」にバトンタッチすることになりました。

ＤＳＭ－Ⅲの八歳から十歳の子どもたち

ＡＤＨＤ（図１－２）に繋がる問題としては、まずは多動（hyperactivity）より不注意（inattention）と衝動性（impulsivity）を基本的な特徴とする注意欠如症（ＡＤＤ）がＤＳＭ－Ⅲ（一九八〇年）に記載されました。基本的な特徴が不注意と衝動性ですから、ＤＳＭ－Ⅲでの下位分類は、多動を伴うもの（ADD with hyperactivity）と多動を伴わないもの（ADD without hyperactivity）に分けられています。

ＤＳＭ－Ⅲでは、ＡＤＨＤの「不注意」、「衝動性」、「多動」といった三つのカテゴリーの診断基準が挙げられています。

自閉スペクトラム症でも、「不注意」、「衝動性」、「多動」が見られますので、自閉スペクトラム症の理解のヒントともなります。またＤＳＭ－Ⅲでは八歳から十歳の子どもの「症状」を示してあり、本書の対象年齢にぴったりなので、ＤＳＭ－Ⅲから各カテゴリーの診断基準を引用しておきます。

不注意　以下のうち少なくとも三つ。

（1）始めたことを最後まで終えることが出来ないことがよくある。
（2）話を聞いていないことがよくある。
（3）気が散りやすい。
（4）学校での学習や、その他の持続的な注意を要する課題に集中することが難しい。
（5）一つの遊びに熱中し続けることが難しい。

衝動性　以下のうち少なくとも三つ。

（1）考える前に行動してしまう。
（2）一つの活動から別の活動へと何度も替わる。
（3）計画を立てて仕事をするのが難しい（認知障害によるものではない）。
（4）多くの指示を必要とする。
（5）教室で頻回に大声を上げる。
（6）ゲームや集団の場で順番を待つのが難しい。

多動　以下のうち少なくとも二つ。

（1）過度に走り回ったり、物によじ登ったりする。
（2）じっとしているのが難しかったり、過度にそわそわしたりする。
（3）着席しているのが難しい。
（4）寝ている間に過度に動き回る。

（5）いつも「何かしらしている」か「モーターで駆動している」かのように活動する。

DSM－Ⅲ－RとDSM－Ⅳ

ＤＳＭ－Ⅲの改訂版のＤＳＭ－Ⅲ－Ｒ（一九八七年）による診断基準は、不注意、衝動性、多動のカテゴリーに分けられておらず、ＡＤＤの名称は、注意欠如多動症 ＡＤＨＤ（Attention-deficit Hyperactivity Disorder）に変更されています。診断は、四歳から十六歳までの「症状」が十四項目挙げられていて、そのうち八項目満たすことが要件です。

ＤＳＭ－Ⅳ（一九九四年）からは衝動性と多動が一つのグループになって、疾患名は注意欠如・多動症 ＡＤ／ＨＤ（Attention-deficit / Hyperactivity Disorder）となり、不注意優勢型、多動－衝動性優勢型、混合型の三つの病型に分けられました。本書ではＤＳＭ－Ⅳ以降のものも、特に必要がない場合はＡＤＨＤと記しています。

ＡＤＨＤの不注意と言えば、ケアレスミスが多い、うっかり忘れることが多いという症状を思い浮かべる人が多いと思いますが、ＤＳＭ－Ⅲの不注意の診断基準ではそれが出てきません。しかし四歳から十六歳の子どもに対して行った調査（field trial）から作成されたＤＳＭ－Ⅳの診断基準の項目には、ケアレスミスの多さや忘れることの多さも挙げられています。

DSM－5の診断基準

ここで現在使用されているDSM－5（二〇一三年）の診断基準を見ておきましょう。この和訳すべての項目に、「しばしば」か「〜が多い」という言葉が入っていることに気付かれると思います。ちなみにともに〝often〟という英単語を訳したものですが、『ジーニアス英和辞典』によると「起こる確率が六割ぐらい」が本義だそうです。

A　**不注意**（inattention）

a　学業、仕事、またはその活動中に、細部に十分な注意が払えなかったりケアレスミスをすることが多い。
（例：見落としがあったり、細部を取り違えたり、仕事が不正確）

b　課題や遊びの活動で、注意の維持が困難なことが多い。
（例：講義、会話、長い読み聞かせに、注意を集中し続けることが困難）

c　直接話しかけられた時に、しばしば聞いていないように見える。
（例：明らかに注意をそらすことがない場合でさえ、心ここにあらずに見える）

d　指示されたことを最後まで行うことが出来ず、学業、日課、職務を終えることが出来ないことが多い。
（例：課題を始めても、すぐに注意の集中を失い容易に脇道にそれる）

e　課題や活動を順序だてることがしばしば困難である。
（例：連続した課題を成し遂げることが困難。道具や身の回りの物を整理しておくことが出来ない。いい加減な手際の悪い仕事。時間の使い方が下手。締め切りを守れない）

f　知的な努力を維持する必要のある課題を避けたり、嫌ったり、いやいやすることが多い。
（例：学校での勉強や宿題。青年や成人では、レポートの準備。書類を仕上げる。長い文書を見直す）

g　課題や活動に必要なものを失くすことが多い。
（例：学校で使う物、鉛筆、本、道具、財布、鍵、書類、メガネ、携帯電話等の紛失）

h　外からの刺激によって容易に注意がそらされることが多い。

（例：青年や成人では、無関係な考えを含む場合がある）

i　日常生活の中で、うっかり忘れることが多い。

（例：日課、頼まれごと。青年や成人では、折り返しの電話、支払い、約束を守ること等）

B　**多動と衝動性**（Hyperactivity and impulsivity）

a　苛立って手足を振り回したり、叩いたり、椅子で身体をくねらせることが多い。

b　座っているのが当然のような状況で席を立つことが多い。

（例：教室、事務所や他の職場、またはしかるべき所にいる必要がある別の状況で、自分の場所を離れる）

c　不適切な状況で、走り回ったり、高い所に上ったりすることが多い。

（例：青年や成人では、落ち着かない感じに留まる場合もある）

d　落ち着いて遊んだり余暇を過ごすことが出来ないことが多い。

e　あたかも「エンジンで動かされている」ように、「絶えず活動している」ことが多い。

（例：レストランや会場などで、時間が長いとじっとしていられなかったり落ち着かなかった

りする。他人からはついていけないと思われる）

f　しばしば喋り過ぎる。

g　質問が終わる前に、だしぬけに答を言ってしまうことが多い。
（例：人の話をとって終わらす。会話で順番を待つことが出来ない）

h　自分の順番を待つのが難しいことが多い。
（例：列で待っている時）

i　人の邪魔をしたり、人のやることに手を出したりすることが多い。
（例：他者の会話、ゲーム、活動に首を突っ込んでくる。断りもなく他の人の物を使い始める。青年や成人では、他人がしていることに手を出したり、取って代わったりする）

細かい制約はありますが、基本的にはA基準、B基準それぞれ六項目以上（十七歳以上では五項目以上）を満たせばＡＤＨＤと診断されます。そしてA基準のみを満たす不注意優勢、B基準のみを満たす多動・衝動性優勢、A基準とB基準をともに満たす混合型の三つのタイプに分けられます。多動と衝動性は一つのグループにまとめられていますが、このグループのａからｉのうち、ａからｄが多動でｅからｉが衝動性の項目です。

ADHDの「不注意」

ＤＳＭ－５の診断基準の項目をみていると、何となくＡＤＨＤの概要がつかめるかと思いますが、理解を深めるためにもう少し踏み込んでみたいと思います。

まず「不注意」という現象について考えてみましょう。「注意」は脳科学的に言えば、「同時に起こっている情報を選択的に処理する過程」と言えますので、「不注意」とはその過程に何らかの問題があるということです。

ある小学校での授業中の「音」について想像してみて下さい。先生が黒板を使って、何かを説明しています。当然、先生の声、黒板に書く音が聞こえます。生徒たちが書く鉛筆の音や教科書、ノートをめくる音。時には鉛筆を床に落としてしまった音も聞こえるかもしれません。また空調の音や外の車の音など、様々な音があふれかえっています。

この様々な音（同時に起こっている情報）の中、子どもたちは先生に注意を傾けなければなりません。この処理過程で起こっていることは、まず先生の声（情報）を選択し、周りの邪魔な音を遮《さえぎ》り（同時に起こっている情報を抑制）、先生の声に焦点を当てることです。ＡＤＨＤの「不注意」を持つ子は、この処理過程が上手くいきません。同時に起こっている情報を抑制出来ず、先生の声に焦点を当てることが難しくなります。音が混ざって聞こえて先生の話の内容が頭に入らなくなり、ある子どもの表現を借りると「先生の声が聞こえない」ということになります。また色々な音が頭の中に入ってくるので、頭痛（注3）を訴えることがあります。いわゆる聴覚過敏の一つの原因にもなります。

ＡＤＨＤ治療薬の効果

ＡＤＨＤ治療薬はこのような症状に良く効きます。服薬し始めてすぐに効果がみられ、先の子どもの表現を借りれば、「先生の声が聞こえるようになった」とか「頭がスッキリした」とか言ってくれます。また薬は「注意の転導性」にも効果的です。一つのものにずっと注意しっぱなしでは困りますので、注意はある状況（刺激）から別の状況（刺激）に移動出来なければなりません。この移動が過度に起こることを、注意の「転導性の亢進」、単に「転導性」と言います。ＡＤＨＤ治療薬はこの転導性の改善にも効果的です。

自閉スペクトラム症の「不注意」

ところで「不注意」はＡＤＨＤだけで目立つものではありません。ＡＤＨＤと併存する重要な疾患は言うまでもなく自閉スペクトラム症ですが、自閉スペクトラム症でも「不注意」という現象が見られます。ＡＤＨＤの「不注意」との比較のため、自閉スペクトラム症の「不注意」について少し言及しておきます。

「注意」を先ほどの表現とは少し違う言い方をすると、「情動と動機付けを引き起こす事象に対する脳の反応の選択性・強度・処理時間の増大」となります。ここから自閉スペクトラム症の「注意」の状態は、興味・関心のある物に対する選択性・強度・処理時間の増大、即ち「注意」の増強と言うことが出来ると考えられます。

また自閉スペクトラム症における興味・関心は、例えば電車に興味があるとか昆虫に興味があるというような比較的長い時間の興味・関心と、目の前の事柄に関するそのつどの興味・関心の、二重の興味・関心を念頭においておかなければなりません。自閉スペクトラム症の「不注意」は、そのつどの興味・関心以外の事柄に対して、「注意」が減弱した状態と考えられます。

多動と衝動性

次に「多動と衝動性」という現象について考えてみましょう。「多動と衝動性」もＡＤＨＤだけで目立つものではありません。自閉スペクトラム症では、興味・関心に従って行動するので、その際に「多動や衝動性」を示すことがあります。不安や焦燥感が強い時にも、落ち着かずにそわそわしたり、そこら中を歩き回ったりします。躁状態では、過活動で多動が見られたり、向こう見ずな衝動的な行動を行ったりすることがあります。また幻覚・妄想があれば、それに左右された行動が多動であったり衝動的であったりすることがあります。これらは内的刺激による「多動や衝動性」と考えることが出来ます。

一方、ＡＤＨＤでの「多動や衝動性」は、概ね外的刺激に対する反応とみるとわかりやすいかと思います。例えば、そこにボタンがあれば、結果を考える前にボタンを押してしまうといった具合です。結果的に、それが非常ベルのボタンだったら大事に至るというような問題が起こります。ボールペンがあれば目に付いた紙に書いてみる、ハンマーがあればそれで机を叩いてみる、パソコンのマウスがあればそれをいじるなど、目に付いた物（刺激）に反応して動いてしまいます。子どもの表現を借りると、「身体が勝手に動く」とか「僕の中に怪獣がいる」などと言い、低学年でも身体のコントロールが出来ないことを自覚することが少なくありません。

ＡＤＨＤ治療薬を服薬すると、自分の身体を自分の思うように動かすことが出来るので、気持ちも穏やかになります。また何の刺激かわかりませんが、椅子をガタガタ揺らしながら座る動きをする子もいます。こういった場合もＡＤＨＤ治療薬は効果的です。

注1　フォン・エコノモ（Von Economo）　コンスタンティン・フォン・エコノモ（一八七六〜一九三一）は、ウィーン大学の神経精神科教授。
　日本で、大正八年（一九一九）、脳炎症状を示す疾患があり、長野、新潟から始まって、日本全国で大流行した。この脳炎は嗜眠性脳炎として長野県上田市の医師・田中清によって報告されている（「日本の医界」一九一九年十月五日号）。ただこの「脳炎」がエコノモが発見した嗜眠性脳炎と同一疾患であったかは、決定出来ていない。しかし大正十三年（一九二四）の夏から日本脳炎（ウイルスが日本で見付かったので「日本脳炎 Japanese encephalitis」という）が流行。たまたま同時期に二つの重篤な「脳炎」が流行したことは興味深い。
　嗜眠性脳炎は、一九二六年から激減。一九三〇年には、ほぼ姿を消した。この〝病〟を映画化したのが、ロバート・デ・ニーロ主演の『レナードの朝』（一九九〇）である。

注2　パーキンソニズム　パーキンソン病とは別の原因により生じるパーキンソン病の症状。緩慢な動作、震え、筋肉のこわばり、身体のバランス維持の困難、歩行困難などの症状をいう。

注3　頭痛　子どもの頭痛の中で、ストレスから起こる「緊張型頭痛」には要注意。片頭痛と同様に痛み止めを使って治療するが、緊張型頭痛の場合は、「痛み止め」が、また次の「痛み」を呼ぶことがある。鎮痛剤の乱用に繋がらないよう、注意が必要。ストレスの解消が一番の治療法。子どもの頭痛は軽く見ないで、じっくり付き合うことが大切。

1902年から2013年にかけてのADHDの名称の変遷

1902年	道徳的抑制の病的欠如
1904年	多動性を伴う外傷後症候群
1922年	小児の脳炎後症候群
1934年	脳損傷に関連する多動及び破壊的症候群
1960年	微細脳機能障害 MBD
1968年	小児期多動性反応（DSM-Ⅱ）
1980年	注意欠如障害 ADD（DSM-Ⅲ）
1987年	注意欠如多動性障害 ADHD（DSM-Ⅲ-R）
1994年	注意欠如・多動性障害 AD/HD（DSM-Ⅳ）
2000年	注意欠如・多動性障害 AD/HD（DSM-Ⅳ-TR）
2013年	注意欠如・多動性障害 AD/HD（DSM-5）

1922年の「脳炎」を経て、1934年「多動」という言葉が登場したが、1960年、再び「脳炎」を連想させる「微細脳機能障害」となり、1980年になって、やっと「注意欠如」という言葉が出、1987年からは、「注意欠如」と「多動」を合わせて、「注意欠如・多動性障害」と表現される。ただ障害という言葉を嫌って、「注意欠如・多動症」を併記、または「症」だけを用いる場合が多い。

第二章

ＬＤ（学習障害）

「能力」と「成績」の不一致

学習障害と限局性学習症

学習障害はＬＤという略語とともによく知られた名称ですので、この章のタイトルも「学習障害」としてありますが、ＤＳＭ－５の名称では限局性学習症／限局性学習障害(Specific Learning Disorder) となっています。

学習の基礎は、昔から「読み書き算盤《そろばん》」と言われるように、「読み」「書き」と、時代に合わせて言うと「算数」が大切です。そして限局性の学習障害というのは、この学習の基礎となる部分の「読みの障害」、「書字表出の障害」、「算数の障害」を意味します。また、限局性学習症といわゆる学習困難とを混同しないようにしなくてはいけません。限局性学習症も学習困難のうちですが、学習困難は学習の困難な一般的な状態を指します。

例えば、世界の中には働かないと生活出来ない子どもたちがたくさんいます。学習したくても学習出来ない環境も学習困難です。

精神疾患では、例えばうつ状態では頭が上手く働きませんし、なにより学習する気力も湧きません。これはうつ病のための学習困難です。

神経発達症では、知的障害が学習困難を引き起こすことは容易に想像出来ると思います。ＡＤＨＤでも勉強に集中出来ず、学習困難になることがあります。自閉スペクトラム症では「こだわり」が功を奏して勉強が良く出来る子から、逆に学習困難になる子まで様々です。

学習障害と微細脳機能障害

そもそも学習の問題がなぜ精神疾患の仲間入りをしているのでしょうか。

限局性学習症は学習の問題ですから、教育の問題ではないかというのが自然な考えだと思います。しかし実際には教育現場と医療の連携がなければ、解決出来ない難しい問題です。

学習障害の歴史は、第一章のＡＤＨＤで述べた微細脳機能障害（ＭＢＤ）まで遡るとわかりやすいと思います。そこでも述べたように、二十世紀初頭では、学習障害の問題は感情の問題や社会的に不利な状態、精神遅滞などの問題と考えられていました。

一九四〇年代になって研究者たちは、学習障害が神経学的な基礎を持つ障害の可能性があるのではないかと考え始めました。

学習障害とサミュエル・カーク

一九六〇年代のMBDの研究では、読書障害（dyslexia）、書字障害（dysgraphia）、計算障害（dyscalculia）という語が、早い時期から子どもの学習における特異的な欠如を表わすのに一般的になりました。

そして一九六三年にはサミュエル・カーク（Samuel Kirk／注1）が学習障害（learning disabilities）という語を造り、教育の観点から学習の障害の問題を論じました。

カークは学習障害を「予期せぬ成績不振（unexpected underachievement）」と言いました。ここで言う「成績不振」は、以下の技能の一つ以上にみられるものと考えています。つまり「口頭での表現」、「聞いて理解すること」、「書字での表現」、「基本的な読みの技能」、「読んで理解すること」、「計算」、「数学的推論」の七つの項目です。また「予期せぬ」というのは、同じ生活年齢で能力水準の子どもに相応しい学習経験を与えられた後でも、能力と成績の不一致があるということです。

DSM－Ⅲ－R

学習障害は、医学的には神経学的な基礎を持つ可能性があり、ＤＳＭ－Ⅲにも特異的発達障害の下位項目として掲載されています。この学習障害を少し洗練された改訂版のDSM－Ⅲ－Rで見ておきましょう。

［学習能力障害］

発達性計算障害

A　標準化された個別施行による検査で、計算能力が患者の学校教育や知的能力（個別施行の知能検査で測定されたもの）から期待される水準より低い。

B　Aにおける障害は計算能力を必要とする学業成績、または日常生活の活動を明らかに障害している。

C　視覚または聴覚の欠陥、または神経学的疾患に起因しない。

発達性表出書字障害

A　標準化された個別施行による検査で、書く能力が患者の学校教育や知的能力（個別施行の知能検査で測定されたもの）から期待される水準より低い。

B　Aにおける障害は、書く文章を作ることを必要とする学業成績、日常生活の活動（単語を綴ることや、考えを文法的に正しい文章や構成された段落に表現すること）を明らかに障害している。

C　〈右に同じ〉

発達性読みかた障害

A　標準化された個別施行による検査で、読みかたの成績が患者の学校教育や知的能力（個別施行の知能検査で測定されたもの）から期待される水準より低い。

B　Aにおける障害は、読む能力を必要とする学業成績または日常生活の活動を明らかに障害している。

C　〈右に同じ〉

学習困難と自閉スペクトラム症

現在のＤＳＭ－５の「限局性学習症」も、このように何らかの標準化された検査で水準より低い結果が出て、それで学業成績や日常生活に問題が生じ、いくら学習しても克

表2-1　限局性学習症／学習障害（LD）診断基準

A．学習や学習技能の使用に困難があり、その困難を対象とした介入が提供されているにもかかわらず、以下の症状の少なくとも1つが存在し、少なくとも6か月間持続していることで明らかになる。 (1) 不的確または速度が遅く、努力を要する読字（例：単語を間違ってまたはゆっくりとためらいがちに音読する、しばしば言葉を当てずっぽうに言う、言葉を発音することの困難さを持つ）。 (2) 読んでいるものの意味を理解することの困難さ（例：文章を正確に読むこともあるが、読んでいるものの繋がり、意味するもの、またはより深い意味を理解していないかも知れない）。 (3) 綴字の困難さ（例：母音や子音を付け加えたり、入れ忘れたり、置き換えたりするかも知れない）。 (4) 書字表出の困難さ（例：文章の中で複数の文法または句読点の間違いをする、段落のまとめ方が下手、思考の書字表出に明確さがない）。 (5) 数字の概念、数値、または計算を習得することの困難さ（例：数字、その大小、及びその関係の理解に乏しい、1桁の足し算を行うのに同級生がやるように数学的事実を思い浮かべるのではなく指を折って数える、算術計算の途中で迷ってしまい方法を変更するかも知れない）。 (6) 数学的推論の困難さ（例：定量的問題を解くために、数学的概念、数学的事実、または数学的方法を適用することが非常に困難である）。
B．欠陥のある学業的技能は、その人の暦年齢に期待されるよりも、著明にかつ定量的に低く、学業または職業遂行能力、または日常生活活動に意味のある障害を引き起こしており、個別施行の標準化された到達尺度及び総合的臨床評価で確認されている。17歳以上の人においては、確認された学習困難の経歴は標準化された評価の代わりにしても良いかも知れない。
C．学習困難は学齢期に始まるが、欠陥のある学業的技能に対する欲求が、その人の限られた能力を超えるまでは完全には明らかにならないかも知れない（例：時間制限のある試験、厳しい締め切り期限内に長く複雑な報告書を読んだり書いたりすること、過度に重い学業的負荷）。
D．学習困難は知的能力障害群、非矯正視力または聴力、他の精神または神経疾患、心理社会的逆境、学習指導に用いる言語の習熟度不足、または不適切な教育的指導によってはうまく説明されない。

DSM-5より。

服出来ないものという障害の基本構造に変わりありません（表2－1）。臨床的に困難なのは、自閉スペクトラム症などの他の神経発達症から生じる学習困難なのか限局性学習症による学習困難なのかの区別です。

また日本語は英語と言語の構造が違って、ひらがな、カタカナ、おまけに漢字まであるのでかなり複雑です。実際に「漢字が書けません」「漢字が覚えられません」という訴えは、日常的な臨床ではありふれたものです。漢字の画の線が一本抜けていたり、全く存在しない漢字になっていたり、いびつな格好でしかも間違っていたりと様々です。それでも小学五年生になって突然、まともな漢字が書けるようになった子もいます。

漢字を書く時にどこか不安げで、偏《へん》と旁《つくり》をしばしば反対に書いていた子に抗不安薬を処方すると、正しい漢字が書けるようになった例もあります。この子には数か月間、抗不安薬を服薬してもらって漢字学習に自信を持ったところで服薬を中止しました。その後は漢字学習に支障はありませんでした。

日常的な診療では、限局性学習症と他の神経発達症との併存は珍しくありません。限局性学習症（書字表出の障害を伴う）と自閉スペクトラム症の併存したAくんの例を見てみましょう。

症例1　ASDとLDが併存　Aくん　小学校四年生

書字障害

「書字障害」として小学二年生から支援を受けていたAくんが、病院を受診したのは小学四年生の八月のことでした。

直接のきっかけは、七月に入ってお腹が痛くなって、「疲れた、疲れた」と言って一週間学校に行けなかったのに、一週間したら何事もなかったように元気に学校に行ったことでした。

近くの小児科の先生は何かのストレスだろうとのことでしたが、お母さんにはストレスらしいことが思い付きません。確かに六月末には音楽会があったのですが、Aくん自身は楽しかったと言っていたからです。書字障害を持っていることのストレスか、他に何か問題があるのかを診てもらおうと、通級指導教室の先生に勧められて受診したのです。

発音指導

Aくんは、うまく発音出来ない言葉があって、五歳から通級指導教室で発音指導を受けていました。小学校に入る頃には発音の問題はなくなりましたが、文字を書くのが遅くて、漢字を覚えることも苦手で、登校しぶりもあったために、引き続き通級指導教室に通っていました。学習内容はよく理解していて、むしろAくんにとっては授業が簡単過ぎて退屈に感じることがあります。

ただ漢字を覚えて正しく書くことや、筆記すること自体が大変苦手なので、学習全般への意欲がなくなることがよくあります。しかし自分の興味ある歴史の話は、時間を忘れて話すことがあります。自分の気持ちや考えを相手に伝えることが苦手なことはAくん自身も自覚しているようで、その手の話になると「僕はこういう話が苦手なんだ」と言葉数が少なくなります。

身体症状

小学三年生の二学期より、日曜の夜になると学校に行きたくないと大泣きすることがよくありましたが、月曜になるとなんとか気を取り直して登校していました。しかし小学四年生になって、学校に行こうとするとお腹痛《いた》など身体の症状が出るようになりました。

初診は八月なので夏休み中です。「夏休みは何しているの?」という漠然とした質問に答えるのは難しいようですが、入眠時間や起床時間、宿題の進捗《しんちょく》状況などの具体的な質問にはしっかりした口調で答えてくれました。

四年生になって身体症状が目立って来たので、一学期の嫌だったことを尋ねましたが、「そんなに覚えてない」と言います。「覚えてない」というのは、嫌なことがあった可能性が高いのですが、診察ではそれ以上は追及しませんでした。仲の良い友だちの数は「三十人ぐらい」と言い、困っていることは「そんなにない」と言います。

「書く」ことが苦手

お母さんに書字障害のことを尋ねると、「書くのが苦手で頭が痛くなったりする」「漢字の宿題では、同じ文字を三回書いたら違う形になっている」「連絡帳は写さない方が覚えられる」などの話をされました。「聞こえ」に関しては、「騒がしいのが苦手でイライラする」「言葉は聞き間違いが多い」「大きい声で言われるとわからない」とのことです。日常生活では、忘れ物が多く、持ち物の管理が苦手です。自分の興味のあることには集中しているのですが、あとはボーッとしていると言います。

治るための服薬とデジカメ使用

先生の話では、人と歩調を合わせるのが難しく、特定の仲の良い友だちはいないようです。好きなことについてはよく話すのですが、相手にわからせるのが苦手です。Ａくんの「こだわり」を変に思って、一歩引いている子もいるようです。Ａくん自身も、学校でどう自分を出していけばいいのかわからず不安なようです。授業中はよく発表をするのですが、言いたいことを伝えられないもどかしさも感じられます。またうるさくない場所での全体指導であっても、指示がよく聞けていないようです。

両親に自閉スペクトラム症と書字の限局性学習症であることを告知して、集中出来ないことや騒がしいことが苦手なことに対してＡＤＨＤ治療薬を開始しました。その効果があってか、二学期からは休まず登校出来るようになりました。

二学期の終わり頃からは、先生がクラスの皆にＡくんの書字障害のことをうまく説明してくれて、授業中にデジカメを使えることになりました。Ａくんも「先生は上手いこと言う」と言って、デジカメ使用について肯定的に捉えていました。

ＩＱ１２０と「本を辺す」の間

Ａくんの知能検査（ＷＩＳＣ－Ⅳ）の結果は、全検査ＩＱ１２０（平均の上～高い）で特に言語理解の得点は１５５（非常に高い）でした（90パーセント信頼区間で数値を変更）。一方で、「本を返す」は「本を辺す」というように間違ってしまいます。処理速度の得点は１００（平均）ですが、書字は平仮名の形も整わず、文字が抜けていたり、書字速度も遅いです（表２－２）。

ＤＳＭ－５の診断基準では、限局性学習症の診断のためには、何らかの標準化された検査をしなければならないのですが、Ａくんの心の負担を考えて行っていません。通級指導教室の専門の先生が五歳から関わっているので、小学校でも書字障害を念頭において支援をして下さっています。

また、病院の検査では知能検査のほか、Ｐ－Ｆスタディ（注２）、ＳＣＴ（注３）といった書字を含む検査をルーチンで行っていますので、書字の苦手さはそこでも確認が出来ます。ＤＳＭ－５の診断基準からは条件不足となりますが、診断を確定しておくことで学校での支援が受けやすくなる利点があるため、限局性学習症（書字表出の障害を伴う）の診断を付けています。それでAくんはデジカメに加えてポメラ（注4）も使用することになりました。AくんはＩＣＴ（注5）を上手く利用しながら自分の可能性を広げています。

注1　サミュエル・カーク（Samuel Kirk 一九〇四～一九九六）アメリカの心理学者。一九六三年、シカゴで行った講演の中で、ＬＤ（Learning Disabilities）という用語を提案した。以後、教育分野でこの語が注目を集め、一九七五年、合衆国公法で正式に「ＬＤ」が取り上げられ、この疾患名は「ＭＢＤ」から「ＬＤ」となった。

注2　Ｐ－Ｆスタディ　アメリカの精神分析家、ソウル・ローゼンツヴァイク（Saul Rosenzweig 一九〇七～二〇〇四）が一九四五年に開発した心理テスト。「Ｐ－Ｆスタディ」は「Picture-Frustration Study」の略語。欲求不満に対する反応を九つに分類して、人格（パーソナリティ）を把握する検査。二十四枚の絵を用いる。

注3　ＳＣＴ「文章完成法」と言われる心理検査。一八九七年、ドイツの心理学者、ヘルマン・エビングハウス（Hermann Ebbinghaus 一八五〇～一九〇九）が最初に開発した。最初は知能検査の一部として用いられた。カール・グスタフ・ユング（Carl Gustav Jung 一八七五～一九六一）の「言語連想検査」も文章完成法の先駆的なものである。「文章完成法」は、その名の通り、未完成な文章を完成させて、被験者の反応を見るものである。その投げ掛ける未完成な文章は

「前半部」で、「刺激文」と呼ばれる。被験者は「後半部」を作って文章を完成させる。この文章完成法は、一九八〇年代、「性格検査」の八十五パーセントを占めていた。

注4　ポメラ　デジタルメモの製品名。「ポケット・メモ・ライター」の頭文字を採って、「ポメラ」と言う。余分な機能の付いていない、メモ用に特化した小型ノートパソコンと思ってもらうといい。

注5　ＩＣＴ「Information and Communication Technology」の略語。和訳は「情報通信技術」。ＩＴ（情報技術）とほぼ同義語。「Ｃ」は「通信」の意。つまりＩＣＴとは、コンピュータやネットワークを駆使して情報処理、情報通信をすること。教育分野では、電子黒板、タブレットパソコン、ＩＣレコーダー、デジタル教科書などで活用されている。因みに、ＩＴは経済産業省、ＩＣＴは総務省の管轄。

表2-2　IQの分類

70以下	特に低い
70〜80	境界線
80〜90	平均の下
90〜110	平均
110〜120	平均の上
120〜130	高い
130以上	特に高い

第三章

ハンス・アスペルガーの「自閉」

「精神病質」の子どもたち

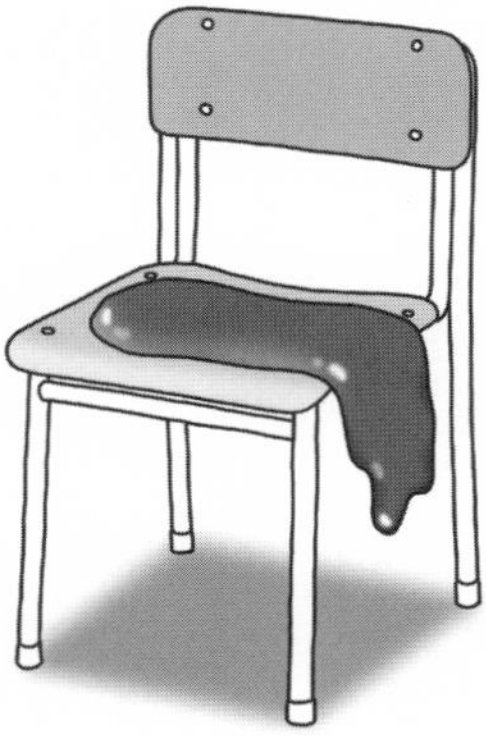

アスペルガーと「治療教育学」

第一巻では自閉スペクトラム症の元祖の一人であるレオ・カナー（Leo Kanner）の考えについて見てみました。自閉スペクトラム症を理解するには、もう一人の元祖であるハンス・アスペルガー（Hans Asperger）の考えを見ておくことも重要です。

カナーより十歳年下のアスペルガーは、一九一八年頃からウィーン大学小児科で行われていた適応困難児に対する「治療教育学（Heilpädagogik）」の試みに興味を持ち、そのスタッフになりました。彼が一九四四年に発表した論文が、「児童期の自閉的精神病質者（Die „Autistischen Psychopathen“ im Kindesalter）」です。ここでは、この論文を核にアスペルガーの「自閉スペクトラム症」を見てゆきましょう。

治療教育学の理念は、単に教育の枠のみに留まるものではなく、医学と教育の総合です。今の言葉で言うなら、特別支援教育に留まらない、医学と教育の協同と言えるかも知れません。アスペルガーは、そういう治療を最も必要とし恩恵にあずかるのが、「自閉的精神病質」の子どもたちと考え、その子たちの類型（Typologie）を取り出そうとしたのです。

人間の人格（Persönlichkeit）は一つの有機体（Organismus）であり、部分的な特性の単なる総和ではありません。したがって、既存の類型の特性を集めて目的の子どもたちの類型を考えることは断念しなければなりません。また、知能検査の数値が子どもの本質を示す訳ではありません。他の心理検査も同様で、子どもの測定された特性を集めても、真の子どもの本質を捉えられる訳ではありません。そこで、表現の現われ（Ausdruckserscheinungen）に本質をみるアスペルガーはルートヴィヒ・クラゲス（Ludwig Klages　一八七二〜一九五六　ドイツの哲学者）に触発されて、次のように述べています。

人の本質は、ともに生活し、仕事、生活、遊び、または自由でくつろいだ状況での要求や自然に行う行動といった日常生活で、その人の許で起こる無数の反応を観察することが出来る場合のみ、その観察者に対してだけ純粋に紛れもなく明るみに出るのだと思います。

先に知能検査や他の心理検査の結果では子どもの本質を捉えられないと言いましたが、検査への取り組み状況や検査者との関わり、検査内容に対する独自の反応などの方に本質が現われている可能性もあるので、そういう観点から見ると検査も有用だと考えられます。

しかし現在よく見られるのは、知能検査の結果のプロフィールに、その子どもから離れて、形式的に過度な意味付けを行うことです。その結果、その子自身の特性を見失ってしまうのです。

この論文の最初の問題設定（Problemstellung）の章の最後に書かれた段落には、アスペルガーの考えが端的に現われています。

そしてこれは、発達障害を持つ子どもたちと関わる人にとっては肝に銘じておくべきことだと思います。医療機関では、自閉スペクトラム症の診断だけ付けて、または「グレーゾーンです」とだけ言い放って、教育現場に丸投げするようなことがしばしば見受けられます。これでは医師であるアスペルガーも草葉の陰で泣いているかも知れません。

この論文が目的としたことは、事例を元にここで展開して来た考えの正当性と有用性を示すことです。これから以下に子どもの一つの類型について述べることになるのですが、その類型は我々にとって多く関心のある点で重要であると思われます。その子たちは一つの「一様な基本障害」を持っていて、その障害は全く典型的に身体的なもの、「表現の現われ」、そしてすべての振る舞いに現われています。そして、その障害は甚だしい非常に特徴的な適応困難を引き起こすのです。

また多くの場合には共同体への拒否が前景に出るのですが、他の場合では思考や体験の特別な独創性によって補償されることがあって、その独創性が後の人生の特別な仕事に繋がることがあるのです。

平均的なものの枠組みから外れた特別な人たちは、その人たちの特別な困難さに合わせる特別な教育的措置を必要とするという要求は、この精神病質の人たちに確約されるべきであるのです。

そして最後にまたここで示すことになるのは、正常でない人たちもまた、理解と愛情のある導きの機会に恵まれた場合には、特に大きな共同社会の枠組みの中で、その人たちの居場所を作ることが出来るということです。したがって、まさにこの正常でない子どもたちの一群を詳細に記述することを正当化する根拠は十分にあります。なかでも、ここで持ち出された問が、心理学と教育学の中心問題に通じていることも理由の一つです。

アスペルガーの「自閉」

一つの類型を示すためには命名が必要になりますが、アスペルガーは問題となる一連の子どもたちを「自閉的精神病質者（Autistische Psychopathen）」と名付けました。

精神病質（Psychopathie）という言葉の概念は幅広く、大雑把に言うと正常でも精神病でもない中間の状態です。ここではパーソナリティ障害（注1）をイメージするのが良いと思います。

イギリスの精神科医、ローナ・ウィング（Lorna Wing　一九二八〜二〇一四）は、アスペルガーの論文を英訳する場合、サイコパス（psycopath）とすると変質者をイメージされるので、自験例を加えてアスペルガー症候群（Asperger's syndrome）と名付けました。

ここで重要なのは「自閉的（autistisch）」という言葉です。もう一人の元祖のカナーも偶然にも「自閉的（autistic）」という同じ言葉をアスペルガーと同じくオイゲン・ブロイラー（Eugen Bleuler）から借りて、子どもたちの問題に言及しています。現在でも自閉スペクトラム症とあるように、「自閉」というのはこの疾患を一言で表わす鍵となる重要な言葉で、アスペルガーは「自閉」を次のように述べています。

人は普通では絶え間ない環境との相互作用の中で生きており、常に環境に反応し続けているのですが、「自閉的な人」においてはこのような環境との関係がひどく障害されて、関係が狭められています。自閉的な人は「彼自身」（er selbst：ギリシア語のαὐτόςが由来）でしかないのです。絶えずそこから影響を受けて常にそこに働きかける高次の有機体の生き生きとした一部ではないのです（これから以下はブロイラーが精神分裂病者の自閉について述べた記述を用います）。程度の差はあれ高度に「精神分裂病者は現実との接触を失う」と言うことは、「もはや外界を気に掛けない」ということです。「発意の欠如、目的の欠如、現実の世界の多くの要素に注意を向けないこと、支離滅裂、突然の思い付きや奇妙さ」というようなことが見られます。

ブロイラーはまた、「生活全般に向けて多くの行動を個別にこなすことは、外からは十分に動機付けられない」、「注意の強度と同時に広がりも障害されている」、「意志についてはしばしば持続性に欠けるが、事情によっては、大きなエネルギーで一定の目的を保持する場合がある」とも言っています。しばしば見られるのは、「気分による強情」、「患者は何かを欲すると同時に反対のものも欲する」などで、また「強迫行為、自動症的行動、命令自動など」、「様々な願望充足、迫害観念の空想世界の中で生きている」などです。

現実からではなくて、願望や感情から、またブロイラーが名付けた「自閉的思考」ないし「非現実的思考」から決定された思考は、その思考が奇妙な結果を生む精神分裂病患者とは別に、精神病でない人の中にも見られます。その思考が見られるのは、広く日常的な思考の中であったり、迷信や疑似科学の中だったりします（自閉の本質で最後に述べた側面は、我々の問題にしている子どもには大きな役割を果たしていません。あっても時々この思考障害の片鱗が窺われる程度です）。

それに対して、最後に挙げた以外の自閉の特徴は、我々が述べようとしている精神病質的人格の類型にも見出されるのです。我々は段階的に進行する「接触の喪失」という精神分裂病者の人格を細部まで考察することが出来ます。また精神分裂病者の自閉がその思考、感情全体と患者の知覚、意志、行動に異常な色付けをし、そして精神分裂病の本質的な症状が、自己と外界の関係の遮断という共通の状態に至るのを見ることが出来ます。それと同様なことが見られるのですが、あらゆる領域との関係が「狭められていること」は、我々の子どもたちにとっては本来的に決定されているのです。ここで問題なのは、人格の中心が障害された、即ち「精神病的」ではなくて、多かれ少なかれ変質した「精神病質」の子どもなのです。しかしここでもまた、その基本障害は、特徴的な光で人格の現われすべてを照らし、子どもたちの困難さ、力が発揮出来ないでいること、また特別な優れた成果も説明します。

自閉的本質の特徴的な現われに注意を向けることを習得すれば、この精神病質的障害を見出せますし、特に程度の軽い特徴を持つ子どもは、そんなに珍しい訳ではないのです。

精神病と精神病質の違い

統合失調症の「自閉」について馴染みのない人もいると思いますので、ここで少しだけ説明を加えておきます。

ブロイラーの「自閉」は、精神分裂病（統合失調症）の特徴の一つです。即ち、ブロイラーは精神分裂病の特徴として、「自閉」、「連合弛緩《れんごうしかん》（思考が支離滅裂になる）」、「両価性（アンビバレンス）」、「感情障害」の四つを挙げていて、その一つが「自閉」なのです。内的世界が優位という点では、自閉スペクトラム症と共通する部分がありますが、精神分裂病は精神病で自閉スペクトラム症は「精神病質」であるように、同じ「自閉」でも病的水準は異なります。

例えば、「自閉」に端を発して、「人が恐い」という場合、自閉スペクトラム症では、コミュニケーションや対人相互性の苦手さから来る場合が多いのですが、精神分裂病では、「まなざされること」が恐かったり、人の存在そのものが恐かったりします。それどころか、精神分裂病では「その花瓶が恐い」とか「ドアノブが恐い」とか、物の存在自体が恐怖であったりします。自閉スペクトラム症で物が恐いという時には、その〝物〟をめぐって起こった不快な経験と関連しており、経験以前の物自体の存在が恐い訳ではありません。

「自閉的思考」に関しては、アスペルガーも指摘しているように、自閉スペクトラム症では奇妙な思考ではありません。時にファンタジーのようなことを独り思い浮かべたりもしますが、内容にそれほどの奇妙さはありません。

自閉スペクトラム症と脳の問題

以上、自閉スペクトラム症の基本となるアスペルガーの「自閉」について見てきました。次はずいぶん次元の違う問題ですが、もう一つの「自閉スペクトラム症」の基本的な問題を見てみましょう。

自閉スペクトラム症は「生まれ付きの脳の問題」というような話を聞いたことがあるかも知れませんが、一体どこが問題なのでしょうか。

不幸にも事故で亡くなられた方の脳の病理解剖で、解剖学者のＭ・Ｌ・バウマン（Bauman）らが調べたところによると（M.L. Bauman, & T.L. Kemper, (1994). "Neuroanatomic observations of the brain in autism."）、自閉スペクトラム症の人の脳の異常は大脳辺縁系（注２）や小脳、オリーブ核などにあるようで、大脳辺縁系ではとりわけ扁桃体（注３）の異常が目立ちます（図３－１）。異常というのは小さいサイズの異常な細胞が数多くあるというものです。こういうタイプの細胞の異常は、生まれ付きの異常を示していますす。ある部位の異常が、自閉スペクトラム症のある障害に一対一で結び付く訳ではありませんが、脳の構造に異常があるということは、その部位の働きに何か影響を与えている可能性があることは推測出来ます。

人間の脳は進化の道筋を踏まえて発達して来ました。爬虫類脳、古哺乳類脳、新哺乳類脳と階層的構造になっていて、大脳辺縁系は古辺縁系に属しているようで、系統発生的には早期に出現し、個体と種の生存を図るための総合的なシステムとして機能してい

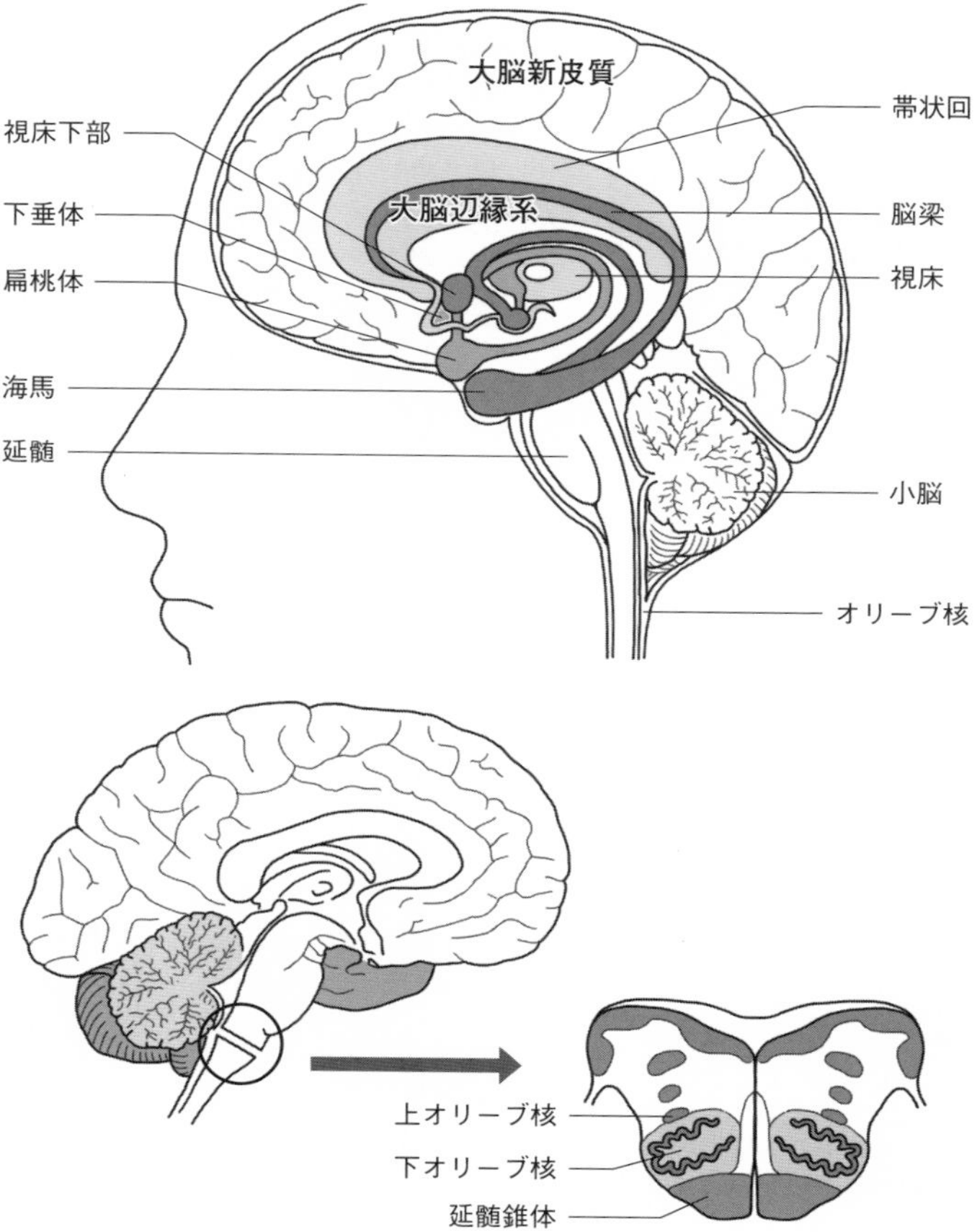

図3-1　大脳辺縁系の構造図

上、大脳辺縁系の深部にある扁桃体と延髄の腹側部にあるオリーブ核。

下、オリーブ核の位置を詳しく見るための「延髄錐体断面図」(○印は切断部の角度を示す)。

ます。つまり、摂食、防御、闘争など生存するための根本的働きや情動などに関わっていいます。そして新しい脳（皮質）の方は認知機能に関わっているのです。因みに、小脳は運動制御機能に深く関わっています。

しかし実は、現在では、例えば、情動は古い皮質（大脳辺縁系）の機能で、認知は新皮質の機能と簡単に割り切ることが出来なくなっています。大脳辺縁系の一部である海馬の損傷が、新しい脳の機能であるはずの認知機能、特に長期記憶に障害をきたすことがわかったり、哺乳類の新皮質に相当する構造が、わずかながら哺乳類以外の脊椎動物にも存在することが示されたりしたからです。それで古い皮質と新しい皮質という区分がなくなってしまいました。

しかしながら、扁桃体が情動に深く関わっているという事実には変わりありません。扁桃体と情動に関しては、ハインリッヒ・クリューヴァー（Heinrich Klüver）とポール・ビューシー（Paul Bucy）の二人の神経科学者による実験がよく知られています。すなわちアカゲザルの両側側頭葉（扁桃体を含む）を切除すると、次に述べるような一連の症状を示し、それはクリューヴァー－ビューシー症候群（Klüver-Bucy syndrome）と呼ばれています。側頭葉除去手術を受けた後、サルは視知覚に問題はないのですが、見ても"その"もの"を認識出来ません（精神盲）。新しい環境に置かれるとサルは目に入る対象物を探索して動き回るのですが、これらのサルは口に物を入れて対象物を特定しているようです（口唇傾向）。また、手術を受けたサルは性交に著しい興味を示すようになります（性行動の亢進）。

情動変化のうち最も顕著なものは、恐怖と攻撃性の減弱です（情動反応の低下）。例えば、正常な野生のサルは、人間や他の動物を避けようとして、人間が近付くと逃げたり攻撃態勢を取ったりするのですが、手術を受けたサルにはこのような行動は見られません。

自閉スペクトラム症の脳の責任部位は生きることとの根本に関わる機能を持っています。責任部位と症状との対応については明確ではありませんが、自閉スペクトラム症の子どもたちにしばしばみられる気分の波、衝動コントロールの難しさ、不安や恐怖に対する脆弱さ、記憶の問題などは、この責任部位と大いに関係があると思われます。

自閉スペクトラム症の具体的な像はこのシリーズ全体で示していますので、ここでは二つの根本問題を取り上げました。最後にＤＳＭ－５の診断基準を載せておきます（表３－１）。

表3-1　自閉スペクトラム症（ASD）診断基準

A. 複数の状況で社会的コミュニケーション及び対人的相互反応における持続的な欠陥があり、現時点または病歴によって、以下により明らかになる（以下の例は一例であり、網羅したものではない）。 （1）相互の対人的・情緒的関係の欠落で、例えば、対人的に異常な近付き方や通常の会話のやりとりの出来ないことといったものから、興味、情動、または感情を共有することの少なさ、社会的相互反応を開始したり応じたりすることが出来ないことに及ぶ。 （2）対人的相互反応で非言語コミュニケーション行動を用いることの欠陥、例えば、まとまりの悪い言語的・非言語的コミュニケーションから、視線を合わせることと身振りの異常、または身振りの理解やその使用の欠陥、顔の表情や非言語的コミュニケーションの完全な欠陥に及ぶ。 （3）人間関係を発展させ、維持し、それを理解することの欠陥で、例えば、様々な社会的状況に合った行動に調整することの困難さから、想像上の遊びを他人と一緒にしたり友人を作ることの困難さ、または仲間に対する興味の欠如に及ぶ。
B. 行動、興味、または活動の限定された反復的な様式で、現在または病歴によって、以下の少なくとも２つにより明らかになる（以下の例は一例であり、網羅したものではない）。 （1）常同的または反復的な身体の運動、物の使用、または会話（例：おもちゃを一列に並べたり物を叩いたりするなどの単調な常同運動、反響言語、独特な言い回し）。 （2）同一性への固執、習慣へのかたくななこだわり、または言語的・非言語的な儀式的行動様式（例：小さな変化に対する極度の苦痛、移行することの困難さ、柔軟性に欠ける思考様式、儀式のようなあいさつの習慣、毎日同じ道順をたどったり、同じ食物を食べたりすることへの要求）。 （3）強度または対象において異常なほど、きわめて限定され執着する興味（例：一般的ではない対象への強い愛着または没頭、過度に限定・固執した興味）。 （4）感覚刺激に対する過敏さまたは鈍感さ、または環境の感覚的側面に対する並外れた興味（例：痛みや体温に無関心のように見える、特定の音、感覚に逆の反応をする、対象を過度に嗅いだり触れたりする、光または動きを見ることに熱中する）。
C. 症状は発達早期に存在していなければならない（しかし社会的要求が能力の限界を超えるまで症状は明らかにならないかも知れないし、その後の生活で学んだ対応の仕方によって隠されている場合もある）。
D. その症状は、社会的、職業的、または他の重要な領域における現在の機能に臨床的に意味のある障害を引き起こしている。
E. これらの障害は、知的能力障害（知的発達症）または全般的発達遅延ではうまく説明出来ない。知的能力障害と自閉スペクトラム症はしばしば同時に起こり、自閉スペクトラム症と知的能力障害の併存の診断を下すためには、社会的コミュニケーションが全般的な発達の水準から期待されるものより下回っていなければならない。

DSM-5より。

注1　パーソナリティ障害　人は思考や表現の習慣、態度、知性、興味あるいは人生観などにおいて複雑な体制を持っている。即ち人は心理的・身体的な個性として把握され、そのようなものをパーソナリティと呼んでいる。タイプとしては依存的、強迫的、演技的、マゾヒズム的、妄想的、自己愛的、シゾイドなどが挙げられる。パーソナリティと社会との軋轢がパーソナリティ障害である。

注2　大脳辺縁系　知覚と情動表出に関係すると考えられているいくつかの構造は、しばしば辺縁系（limbic system）と呼ばれ、一九五二年にアメリカの生理学者ポール・マクリーン（Paul Maclean）によって広められた。マクリーンによると、辺縁系が進化した結果、動物は情動を経験し、それを表出することが可能となり、脳幹によりコントロールされていた画一的な行動から解放されることとなったという。自閉スペクトラム症の「脳における出来事」を考える上で、大切なのは、一つにこの記憶・情動を抱える「辺縁系」の仕組みを知ることにある。

注3　扁桃体　「扁桃」とは「アーモンド」の意。「扁桃体」とは、大脳辺縁系を構成する一つで、アーモンド形の「神経細胞の集まり」。ヒトを含む高等脊椎動物の記憶・情動において重要な役割を担う。具体的には、例えば恐怖への反応である。扁桃体に異常があると、恐怖を感じなくなる場合がある。

第四章

症例集

小学校低学年が映す世界

本章「症例集」に入る前に、再度以下のことを確認しておきます。

「自閉スペクトラム症」のＤＳＭ－５での診断は、左記の二点の基準を満たすことが必要です。

①　様々な状況での人と人とのコミュニケーションと相互作用が生来的（持続的）に障害されていること。

②　行動・興味・活動の限局した繰り返しの傾向。

この二点がＤＳＭ－５で見るところの「自閉」の正体ですが、これは色々と姿を変えて現われるので厄介です。

この中心像は、重篤さ、発達水準、年齢や環境によって様々な形で現われます。それ故、疾患への上手な介入は、自閉スペクトラム症であることを覆い隠すこともあります。

このように自閉スペクトラム症という疾患の現われ方は様々であるためスペクトラム（一連のもの）という言葉を使っています。ＤＳＭ－５でのスペクトラムは正常と疾患の連続体ではないことを理解しておくことが大切です。

この章では、小学校低学年では自閉スペクトラム症がどのような現われ方をするのかを症例で示します。症例は本質を変えない程度に変更を加えています。

「症例」で、その子の「現在」をなるべく淡々と感情を交えずに描き、「コメント」では、その子への具体的な対応を書きました。

「現在」は遠い風景であり、「コメント」は日常へのアドヴァイスです。

小学校一年生

症例①　T・U　六歳（小学校一年生）　女子　自閉スペクトラム症

弟の誕生

Tさんは小学一年生になってすぐの四月にお母さんと一緒に病院に来ました。

乳幼児健診は全く問題がなかったのですが、三歳一か月の時に弟が生まれ、そのことが契機となったのか、それから自分の思い通りにならないと感情が爆発して手が出るようになりました。それで困ったお母さんは市の相談所（健康管理課）へ相談に行き、子育て総合支援センターを紹介されて、四歳三か月から定期的に発達相談を受けていました。

経過を見てもらっていると、「相互性のやり取りが成立しにくい」、「注意の幅が狭い」、「時間感覚が育ちにくい」などの特性が見られたとのことで、お母さんは広汎性発達障害（注1）が疑われることを告げられました。そこでご両親は自閉症の本を読んでみたのですが、書かれている内容と「症状」が合わないので、戸惑ってしまいました。しかし小学校での支援の必要性を感じておられたので、ご家族で相談し、病院の受診を決められました。

手洗いの加減

幼稚園の時のTさんは、何でも納得するまでしようとしました。手を洗う時に、泡の出るせっけんを半分ぐらい使ってしまうこともありました。帰りの仕度をしなければいけない時に、他のことに興味が向くとなかなか用意が出来ません。友だちとトラブルがあっても自分は悪くないと言い張ります。たとえ相手が謝ろうとも怒りはなかなか収まりません。また遊びの流れがわからないので、上手く遊びの輪の中に入れませんでした。

最初の診察の時には、「学校は楽しい」と言い八人の友だちの名前を挙げてくれました。どのような遊びをしているのかを尋ねると、「忘れた」と言います。「学校は楽しい」と言う一方で、「きつく言われるから嫌だ」とも述べています。きつく言う相手というのは、「誰でも」ということで、特定の相手ではなさそうです。

厳しいしつけ

家での嫌なことを尋ねると、「きつく言われる」、「棒とかで叩かれたりした」と答えてくれました。お父さんは厳しいしつけを善《よ》しとして、脅すような言葉を言ったり、また体罰があったようで、先の相談所も注意深く見守っていたようです。Tさんによると

「机に上った時」に怒られたとのことでしたので、お父さんはTさんにやみくもに厳しく当たっていたのではなさそうです。お母さんはお父さんと真逆で、Tさんの話をよく聞いて、諭《さと》すように注意をするタイプです。

ひらがなが苦手

学校ではすぐに手が出るので、あまり皆は関わらないようにしているようです。一人だけTさんと同じような子がいて関わりを持つのですが、すぐに水の掛け合いなどのトラブルに発展してしまいます。先生にはかまってもらいたいようで、他の子がお漏らしをして先生が相手をしてくれていたのを見て、自分も相手をしてもらうためにお漏らしをしたことがあります。

勉強については、読むのは問題ないのですが、ひらがなを書くのが苦手です。運動では走るのが得意です。

気分安定薬

自分の思いと違うと、学校ではすぐに他の子に手が出てしまい、家では弟を叩いてしまいます。このままではもっと友だちが離れてしまい孤立するようになるので、手を出してしまう行動を止めさせることが必要です。そこで小学一年生の六月に気分安定薬を開始しました。服薬後は、お母さんによると少し落ち着いているように見え、朝の目覚めも良いようです。水を使うのが好きで、手洗いが少し長かったのですが、手洗いもさっさとするようになりました。ただ、弟を叩くのは変わりません。

少し落ち着いてはいるものの、「あと五分待って」が通じず、思いを通そうとして癇癪を起こしてしまいます。しかし「時計の針がここに来るまで待って」と、具体的に指示すると癇癪なく待つことが出来ました。お母さんもだんだん対応が上手くなってきました。また、ひらがなも整ってきて、書くことも少し上達してきました。

ADHD治療薬

小学二年生の十一月の診察では、「学校は楽しく行けている？」と尋ねると、手で「×（バツ）」のジェスチャーをしましたが、表情は穏やかでした。しかしお母さんからは、朝の仕度が遅い、落ち着きがない、切り替えがなかなか出来ないとの報告があり、新しく出たＡＤＨＤ治療薬を開始しました。学校の先生によると服薬直後から、切り替えが少しずつ早くなり、集中出来るようになってきたとのことです。

お父さんの真似

その後、女子との関係は比較的良好で友だちも増えていきました。しかし男子には暴力を振るったりします。他の女の子を守ろうとしたり、女子対男子の構図の時には、先頭切って男子に立ち向かいます、もちろん手は出しませんが。男性教諭も苦手です。お父さんはずっと恐い存在で、出来るだけ関わろうとしません。高学年になってTさんは、自分が暴力を振るうのはお父さんの真似をしているだけだと話してくれたことがあります。

遠い風景から日常へのコメント ①

きつい言葉

初診は小学一年生の四月なので、八人も友だちがいるとは考えにくいのですが、八人の名前を挙げたので周囲の友だちに無関心ではなさそうです。そして周りの皆からきつく言われると感じているとのことですから、そこから自閉スペクトラム症の対人関係の問題が窺《うかが》われます。つまり周りの子からの普通の「言葉掛け」を、きつく言われたと取り違えている可能性があります。

逆にTさんの言葉が他の子にはきつく感じられていたのかも知れません。実際に、高学年の時には先生からTさんの言葉がきついという指摘がありました。それでも小学生の時は仲の良い友だちが何人か出来たのですが、中学生になると言葉がきついために友だちが出来なくなりました。

視覚に訴える

自閉スペクトラム症を持つ子どもに、時間の指示をする場合、「時計の針がここまで来たら」というように視覚を利用することはしばしば行われるやり方です。小学一年生で時計の針の勉強をするので、知能的にはちょうどその頃の子どもに適しているものと思われます。

「モデルに従う行動」

暴力については、薬物療法を開始してからずいぶん減りましたが、弟を叩くことや男子に対する暴力は高学年でも時々みられました。Ｔさん自身が「お父さんの真似」と言っているように、Ｔさんの暴力は自閉スペクトラム症を持つ場合にみられる「モデルに従う行動」とも考えられ、単に衝動コントロールの苦手さだけではないように思えます。

薬物療法としては気分安定薬とＡＤＨＤ治療薬を使用しています。Ｔさんが小学一年生の時は、ＡＤＨＤ治療薬としてはコンサータしか使用出来ず、一日の生活をカバーするストラテラはまだ使用出来ませんでした。そのこともあって小学一年生の六月の時点では、気分安定薬から使用しました。

注1　広汎性発達障害　ＤＳＭ－Ⅲで登場したこの疾患名は、現在用いられていない。ＤＳＭ－Ⅳでもこの名称が用いられ、下位分類に、自閉症、アスペルガー障害などがあったが、ＤＳＭ－５では、自閉スペクトラム症一つに統合された。

症例②

L・L

六歳（小学校一年生）　男子

自閉スペクトラム症　ADHD

身体の反り、浅い睡眠

Lくんは学校の勧めで小学一年生の五月の終わり頃に病院を受診しました。

Lくんは、十か月健診の時に、健診場での動きが多く、身体の反りや睡眠が浅いことなどから、今まで相談をしてきた機関に引き続き相談してゆくことになりました。

一歳九か月の健診では、好きな課題には集中出来るものの、途中で椅子から降りようとしたり、机の上によじ登ろうとしたりと落ち着きのなさが目立っていました。

友だちを叩く

幼稚園では待つことが苦手で、周囲がザワザワして落ち着かない時や嬉しくて興奮したりする時など、友だちをパンチしたり、すれ違いざまに叩くといった行動が見られました。また長い物を振り回して、友だちに当ててしまったことがありました。

両親の心配

小学校に入っても乱暴な行動は変わらず、これを個性と軽く考えていたというお父さんとお母さんはさすがに心配になりました。Ｌくんが友だちに手を出したり、授業の邪魔をして、みんなから嫌われて学校に行きたくなくなるのではないかという心配です。またテンションが上がってしまった時に落ち着ける場所があればいいなという思いもありました。病院に行って診断してもらった方がいいのかとも考え、担任の先生に相談して受診することを決めました。

「忘れた」

Ｌくんは初めての診察室でも緊張することなく、診察室の中をうろうろしていました。そして棚に置いてあるパズルを見付け、取り組み始めて夢中になっています。それでも質問には答えてくれます。

学校は楽しいかどうかを聞くと、「楽しくない」と言います。どうも勉強が嫌なようです。「国語が嫌」と言いますが、「漢字は好き」とのことです。「友だちは出来た？」と聞くと「忘れた」と言い、「家で嫌なことはある？」と聞くと、これも「忘れた」と言います。だんだん答えるのが面倒になってきたようです。

テレビが好き

家ではテレビが好きなようで、休日はテレビをずっと見ているようです。テレビが点《つ》いていないと行動の切り替えはスムーズなのですが、テレビが点いていると上手くゆきません。また機嫌をそこなうと全く言うことを聞かなくなります。

学校では、その時やっていることが止められないので、授業になかなか取り掛かれません。やっと取り掛かったと思うと、十分か十五分で席を立って、友だちにちょっかいを出しに行きます。いつもと様子が違うと興奮してしまい、友だちに噛みついたり、パンチしたり、引っ掻いたりします。クラスで孤立している訳ではありませんが、関係は友だちというより、遊んでもらっている感じのようです。

二回目の受診は六月の初めですが、受診前一週間のうちで、友だちを噛むことが三回ありました。またお腹をパンチされたといって、友だちを突き飛ばしたこともありました。実際には相手はパンチなどしていないのですが。そこでＡＤＨＤ治療薬を開始して様子を見ることになりました。

薬の塩梅

薬を服薬してからは着席する時間が増えて来ました。また友だちとの一方的な関わりが減り、相手の話が聞けるようになりました。薬の効果が見られて少し落ち着いて来たのですが、まだ集中は十分ではなく、自分の思いと違うとカッとなることがあります。それで薬を増やしたのですが、食欲が落ちて食後に少しむかつくようです。また身体も少し重く感じると言います。そこで薬の副作用が出ない量で服薬を続け、小学二年生からは特別支援学級に入級することになりました。

気持ちの切り替え

小学二年生になると、気持ちの切り替えが早くなりました。薬を飲む前は気持ちの切り替えに一時間ほどかかっていたのが、五分から二十分ぐらいになりました。ただ六月の終わり頃から怒りのスイッチが入ることが多くなり、昔のことを思い出して突然、友だちを叩いたりしました。また一緒に遊んでいた男の子に殴られたのに腹を立て、近くにいた関係のない女の子を殴ってしまいました。

家ではお姉さんとの喧嘩で、手や足が出ることが目立ちます。そこで気分安定薬を加えることになりました。

気分安定薬を飲み始めてから、Lくんの怒る回数が減って、大人からの指示が通りやすくなりました。その後は時々トラブルが見られるものの、概ね安定した学校生活を送っています。

遠い風景から日常へのコメント②

先生を殴る

当時は使用出来るADHD治療薬の種類が今ほど多くはなかったので、ストラテラを継続していました。今ならストラテラからインチュニブに代えて様子を見る方法も考えられます。ただLくんにはもともと気分の波が見られていましたから、インチュニブに変更しても気分安定薬は必要だったと考えられます。

Lくんは高学年になって、自分の行動が妨げられると暴力に至ることが度々見られました。特別支援学級で同学年の友だちと遊んでいる時に、他のクラスの一年生が扉を叩いたことに腹を立て、押し倒すことがありました。またある時は、支援学級の担任の先生が交流学級の授業に行くように促したことに腹を立てて、先生のみぞおちを殴りました。

高学年になって「いらつき」が増す子どもは、難しくなった課題のストレスが要因となっていることが多くあります。Ｌくんの場合は課題のストレスが先か、本来の気分の波が先か難しいところです。

ＩＱ１１４から78

因みにＬくんの小学一年生での知能検査（ＷＩＳＣ－Ⅳ）は、全検査ＩＱ１１４、言語理解１２０、知覚推理98、ワーキングメモリー１０９、処理速度１０７で、小学五年生での同検査では、全検査ＩＱ78、言語理解89、知覚推理88、ワーキングメモリー50、処理速度90でした。ただし数値は、個人情報保護のため90パーセント信頼区間の内で変更しています。

教育と医療の連携

Ｌくんは気分が不安定な時には、書字がかなり乱雑になります。小学五年生の時の知能検査時に、同時に行った他の心理検査での書字がかなり乱雑であったため、知能検査の結果も気分の影響が大きいと推測されます。

これは小学五年生の時の知能検査が、気分の影響のために当てにならないというのではなく、このような気分の状態では、ＩＱ１１４の能力であったのが、78の能力しか出せていないということが問題と見ることが出来ます。

この問題を解決するためには、学校での課題の再検討や投薬内容の検討などが必要で、教育と医療の連携が重要になってきます。

症例③　U・L　六歳（小学校一年生）女子　自閉スペクトラム症　ADHD

ポケットやボタンへの興味

Uさんが赤ちゃんの時は、ぐずることもめったになかったので、お母さんは育てやすい子どもと思っていました。人見知りは全くなく、初めて会った人でも、誰にでも抱っこしてもらおうとするのですが、どうも目的は胸のポケットやボタンだったようです。

マイペース

十か月健診の時に、集中がしにくいことから経過観察になりました。五歳からは障害児保育を受けています。保育園ではチームでゲームをすることが苦手でした。チームの勝ち負けで、みんなと一緒に喜んだり悔しがったりすることが出来ません。運動会や発表会では、出番の途中で客席に向かって話し掛けたりしていました。生活では、自分の仕度が一番遅くなっても焦ることなくマイペースでした。Uさんには独自の世界があり、競争することが嫌いです。

小学校は特別支援学級に入級しました。入学式でパニックが見られ、授業時間中でも座っていることが難しく、うろうろする姿が目立っていました。学校に少し慣れて来て、自分でも勉強を頑張ろうとすることも見られるようになりましたが、気持ちにはムラがあり、なかなか落ち着きません。学校生活での見通しが立ちにくくなって来たため、小学一年生の八月に病院を受診しました。

一番は看護師さん

初診時から緊張する様子はありません。診察室の中をあちこち探索して、おもちゃを持ち出したり、電子カルテのマウスを触ったりしています。しかし動き回りながらも質問にはきちんと答えてくれます。名前を尋ねると、「Ｕ・Ｌです。一年一組、六歳」と答えてくれます。「将来なりたいのは何？」と聞くと、「いっぱいある。一番は看護師さん。二番目はお母さん。三番目はお姫様。四番目はモデルさん」ということです。はきはきとテンポよく、いっぱい話してくれます。

すごい集中力

家でも何かに集中していると、名前を呼んでも振り返りません。注意をしても聞こえていないようです。そんな時には視覚に入って声掛けをすると返事をしてくれます。物を作ること、物が出来ていく過程が大好きで、物を作る時にはすごい集中力を発揮します。機械やネジなどに興味を示し、時計などを分解してしまって組み立てられなくなることもあります。

外に出掛けると大変で、買い物に行き店内に入ると一瞬でいなくなります。「危ないから触ってはいけない」と言っても何でも触ってしまいます。人との距離感がわからないので、知らない人にも声を掛けて、後から飛び付いたり抱き付いたりします。

昨日は出来たけど

小学校では、自分でも勉強を頑張ろうという気持ちで、算数と国語は特別支援学級で過ごしています。しかし特別支援学級でも音などの刺激に敏感に反応して、なかなか課題に取り組めないことがあります。交流学級では授業中に歩き回ることが多いのですが、好きな図工などは集中して取り組んでいます。ただ、昨日出来たからと言って、今日も同じように出来る訳ではありません。日によって、また時間によって気分に波があるようです。人に対する攻撃性はないので、友だちとのトラブルはみられません。

二回目の診察の時に、自閉スペクトラム症とＡＤＨＤであることをお話ししてＡＤＨＤ治療薬を開始しました。小学校の間も、中学校の三年間も特別支援学級で支援を受けていました。高校に進学し、高校卒業後は大学に進学しています。

遠い風景から日常へのコメント③

クラスで一、二番の成績

Uさんの小学一年生の時の知能検査（WISC－Ⅲ）は言語性IQ100、動作性IQ134、全検査IQ120（90パーセント信頼区間で数値を変更）で、全検査IQは平均よりかなり高いという分類に属します。

自閉スペクトラム症の子どもたちは高い知能を持っていても、通常学級での授業が難しい場合があります。Uさんは中学まで特別支援学級に通級することで自分のペースで勉強が出来て、普通科の高校に進学することが出来ました。ただ対人関係は苦手なので、その苦労はありましたが、保育園の時からわからないことはパソコンで検索するなど熱心に勉強していました。その結果、高校ではクラスで一、二番の成績で大学に進学しました。

特別支援学級で、「マイペース」で行動が出来たことがこのような良い結果になったと思われます。

コンサータからストラテラへ

ＡＤＨＤ治療薬は最初コンサータを使用しました。その効果があってか、宿題をする時も落ち着いて出来、本を読む時もじっくりと取り組むことが出来ました。お母さんは、Ｕさんが色々とよく話すようになったのが嬉しかったようですが、気分が高揚しているのか、時々甲高い声を出すことがあったようです。

コンサータの効果の持続は十二時間程度で、実際は朝に服薬して夕方に効果がなくなる感じです。しかしＵさんは持続時間が長く、夜は一時ぐらいまで寝付けませんでした。また「こだわり」も強くなり、怒り出すことも増えました。このためストラテラへ変更する必要がありました。

疾患の区別と見極め

自閉スペクトラム症とＡＤＨＤが併存している場合、ＡＤＨＤ治療薬で今まで気がそれていたところが改善して、かえって「こだわり」が強くなることがあります。それでＡＤＨＤ治療薬を使用したために症状が悪化したように見え、ＡＤＨＤ治療薬の効果がなかったと判断されることがあります。これはＡＤＨＤが改善して、本来の自閉スペクトラム症の問題が前景に出て来ているだけですので、ADHD治療薬の副作用ではありません。

自閉スペクトラム症から来る問題とADHDから来る問題を区別しながら対応していくことが肝心です。

症例④ L・U　七歳（小学校一年生）男子　自閉スペクトラム症

睡眠のリズム

Lくんは乳幼児健診では「発達がゆっくりしている」と言われたといいます。歩き始めは一歳五か月で、言葉は二歳半頃からパパ、ママと言い出したとのことです。

幼稚園では、最初は教室に入れませんでしたが、次第に入れるようになりました。加配の先生が一人付いてくれて、ほぼ一対一の関わりでしたが、年長の後半になって友だちにも目が向くようになり、みんなの中に入れるようになりました。家では「睡眠のリりしたようです。

ズム」が整わず、年中の時には夜中に独りで遊んでいることがあり、お母さんはびっく

Lくんの特性

小学校に入る前の発達検査では遅れがなく、小学校は普通学級でスタートすることになりました。年長の最後には集団に入ることが出来るようになり、生活リズムも少し整っては来ましたが、それでも幼稚園の時のような一対一の対応がなくなった小学校では、なかなかみんなと一緒に行動することは出来ませんでした。

お父さんもお母さんもLくんの理解に努めていましたが、さらにLくんの特性の理解を進めたいとの思いがあり、小学一年生の八月一日に病院を受診されました。

本を読むのが好き

Lくんは初診でも緊張することなく話してくれましたが、顔の表情変化は少なく、やや一本調子に話します。少しボーッとしている印象を与えます。「学校は楽しい?」との質問に、「休み時間は楽しい。三日と四日は楽しい。いとこが来る日」と、楽しいこ

とを答えてくれました。

将来は「色々なりたいものがある」とのことですが、具体的には「サラリーマン」と言い、続けて「ドラえもんが好き」と、また好きなものを教えてくれました。特に本を読むのが好きで、「でんぢゃらすじーさん」がお気に入りと教えてくれました。

お母さんは睡眠についての心配が受診理由の一つでした。小学校に入ってからは、疲れて寝付きはいいのですが、眠りが浅かったようです。初診の時は夏休みだったので、熟睡出来ているようで少し安心されていました。

意思疎通

学校ではみんなと一緒に勉強することは難しいようです。Ｌくんは本を読むことが好きなので、担任の先生は教室から出ない約束で、「好きな時に本を読んでいい」ということで対応されていました。友だちは二、三人いますが、自分の言うことを聞かそうとします。年齢を考慮しても、やはり意思疎通は難しいようです。物を壊すことが好きです。興味のあることには熱心に取り組みます。

ＡＤＨＤ治療薬開始

二回目の診察は八月末で、その時からＡＤＨＤ治療薬を開始しました。すると二学期からは教室から出なくなり、話も落ち着いて聞けるようになりました。切り替えもしやすく、パニックになることも減ったようです。

診察時には、看護師さんに向かって「ゴキブリは水のあるところにいる」と唐突に話し、今度はこちらに向いて「あそこに赤ちゃんの写真がある」と言い出します。よく聞いてみると、「あそこ」というのは受付（離れた場所で見えないところにある）で、受付近くにあるエコーの写真のことを言っているようでした。

ＡＤＨＤ治療薬を諦める

三回目の診察までにＡＤＨＤ治療薬の飲み忘れが一回あったようです。学校での落ち着きがぜんぜん違ったので、飲み忘れに気付いたようです。このように薬は効果てきめんだったのですが、九月半ば頃から不眠が目立ち始めました。このためＡＤＨＤ治療薬を中止して様子をみると、睡眠の状態は良くなりました。

しかし再び気持ちの切り替えが難しくなったので気分安定薬を開始しました。

その後、次第に気持ちの切り替えも良くなってきました。多動が見られていたのでADHD治療薬を前回の半量で開始しましたが、今度は気分が不安定になってきたのでADHD治療薬は諦めざるを得なくなりました。

その後は概ね落ち着いて過ごし、小学二年生からは特別支援学級に入級して大きな問題もなく小学校を終えています。

遠い風景から日常へのコメント④

低覚醒

小さい頃から覚醒リズムが悪く、日中は低覚醒（hypoarousal／注1）でややボーッとした印象を与えます。このような子は外見からは「知的障害」と間違えられやすいのですが、Lくんの七歳時の知能検査（WISC－Ⅲ）は、言語性IQ95、動作性IQ97、全検査IQ96で平均の知能です（90パーセント信頼区間で数値を変更）。

また低覚醒ですと、気分の波があるのでわかりにくいのですが、気分の波で物事への取り組みが変わってくるので、そこが観察の一つのポイントです。

Lくんは気分安定薬を服用してからの方が、学習も日常生活も安定して取り組めています。

薬物療法の成果

小学校に入った時のLくんのように、好きなことをさせていれば、とりあえず離席せずに過ごせる子がいます。本来なら授業中は好きなことを禁じて学習に取り組ませるべきなのでしょうが、実際問題として、担任の先生はクラス全員の指導をしなければいけない立場にあるので、一時的には仕方がないことと思います。ただ、長く続けるのはよくないので、何らかの支援を考える必要があります。

Lくんの場合は薬物療法が役に立ち、さらに次の学年から特別支援学級に入級することで、Lくんに合った学習をすることが出来ました。中学も特別支援学級で過ごし、高校は普通科に進学しています。

注1　低覚醒　覚醒（arousal）は、睡眠（sleep）から目覚めている状態（wakeful）までの範囲の生理的状態を言う。自閉スペクトラム症では覚醒の調節に困難があることが知られている。覚醒

は情動の調節に関係していることもあり、自閉スペクトラム症では、情動の調節に困難さが見られる。低覚醒は、この覚醒に困難が生じている状態。

症例⑤

B・J

七歳（小学校一年生）女子

自閉スペクトラム症　ADHD

話をまとめられない

幼稚園の時のBさんは、園内を一人で探索したり、時には幼稚園を脱走したりすることがありました。興味の向くまま一人で行動する子でしたが、他の子と遊べない訳ではありません。しかし外遊びに夢中になると、一人だけなかなか部屋に戻って来ませんでした。

小学校に入っても、相変わらず一人で行動することが多いBさんでした。一年生の二学期、誰かが人の持ち物を隠すという事件が起きました。これはどう見てもBさんの仕業としか思えない状況だったのですが、問い詰められてもなかなか白状しませんでした。

Bさんの話は、聞くたびに話す内容が変わってゆき、話の途中で過去にあった出来事がモザイク状に混ざり合ってしまいます。お母さんはBさんのその話し振りが気になって、スクールカウンセラーに相談したところ、病院を勧められて小学一年生の十二月に病院を受診しました。

動作が遅い、気が移る

初診時のBさんは、診察室をうろつき回ることなく、大人しく椅子に座っています。質問にもきちんと答えてくれて、学校では特に嫌なことはなく、学校は楽しいと言います。友だちの数は、指を折って一所懸命数えてくれて、十人と答えてくれました。将来は「フィギュアスケートの選手になりたい」と語ってくれました。

家では、気に入らないことがあると、すぐに泣き喚《わめ》きます。例えば、ひらがなの書き順が違うので、お母さんが正しい書き方を教えようとするような場合です。

テレビが好きで、テレビを点けると他のことは全くしません。一連の動作がマイペースで、朝起きてからの着替えなどの動作の一つ一つに時間が掛かります。夜は夜で、入浴、食事、歯磨きの一つ一つの動作に時間が掛かります。

集団登校の登校班では、花や虫など気になるものがあると、すぐにそちらの方に行ってしまい、班の子とトラブルになってしまいます。帰りは帰りで、興味を引くものがあるとなかなか帰って来ないので、ＧＰＳ発信機を持たされています。

登校後には持ち物の整理をしなければならないのですが、周りのことに気が移ってしまい、一気に整理を済ませることが出来ません。

字は丁寧、根気がある

授業中に立ち歩くことはありませんが、椅子の脚を浮かせたりして落ち着きがありません。それに手遊びをしたり友だちに話し掛けたりして、集中して先生の話を聞くことが出来ません。しかし、授業に参加出来ない訳ではなく、自分がわかることは進んで手を挙げて発表します。ひらがなでも漢字でも、文字は丁寧に書きます。また、絵や粘土でも工夫して楽しい作品を作り、根気のいる作業もこつこつ丁寧にやり遂げます。

休み時間はフェンスによじ登って飛び降りたりと、活発に動き回り、怪我をしてしまうこともありました。また、友だちの頭をポンポン叩いて回り、それがもとでトラブルになったことがあります。

〝もの〟を隠す

小学一年生の一学期には、休み時間が終わってもすぐに教室に戻らないことがありましたが、二学期からは自分で気を付けて、次の授業に遅れることはなくなりました。

三学期の始業式には、男の子の靴がなくなるという事件がありました。そしてその男の子が「靴がなくなった」と騒ぐと、すぐにBさんが「靴を見付けた」と言って、靴を持ってやって来ました。状況からすると、Bさんの仕業としか思えないのですが、この時も自分がやったとは白状しませんでした。

しばらくすると、今度は女の子の消しゴムがなくなるという事件が起きました。この時は、その女の子は騒いでいないのに、Bさんが「消しゴムを見付けた」と言って、消しゴムを持って来ました。そして今度は、後から自分でやったことを白状しました。

気持ちの切り替え

小学二年生では、物を隠すことはなくなりましたが、登校中は相変わらず花や虫を見付けては、登校班の子にはお構いなしで、そちらの方へ行ってしまいます。

授業中は一年の時より集中して学習に取り組んでいます。しかし、気持ちの切り替えが難しくて、なかなか次の行動に移れません。

また、忘れ物をすることが多くなってきたので、小学二年生の五月からはＡＤＨＤ治療薬を服薬し始めました。

服薬後は気が散ることも減り、次第に気持ちの切り替えが出来るようになりました。話をしていても、以前のように話の内容がどんどん変わっていくこともなくなり、話の途中に昔の話が紛れ込むこともなくなりました。二年生の秋頃からは、勉強にも意欲が出て来ましたが、相変わらず「お直し」は嫌いです。テストで間違ったところを修正されるとイラッとすることがありました。

薬なしで頑張る

小学三年生でも学習意欲は続いていましたが、家のお金を持ち出すことが何回かありました。この時は両親が冷静に対応したこともあり、家からのお金の持ち出しはなくなりました。

小学四年生になると、両親から見てもだいぶ成長したようにみえました。四年生の終わり頃からは服薬を忘れることが増えてきましたので、小学五年生からは、薬なしで様子をみることにしました。

これまで忘れ物が多いことには、お母さんが手伝うことで対処していましたが、五年生の担任の先生の方針でお母さんは手伝ってはいけないことになりました。そこでBさんがとった手段は、「すべての物を持って行く」というもので、毎日重たい荷物を持って登校しました。

小学五年生の九月頃には、集中が五分と持たないことも出て来ましたが、フィギュアスケートの選手から医師へと将来の夢が変わり、薬なしで頑張りたいというBさんの意思を尊重して投薬は中止のままにしました。また、通院の時間も勉強したいという思いもあり、通院治療を終了しました。

遠い風景から日常へのコメント⑤

投薬開始のタイミング

Bさんの場合、色々なものに反応しての行動が目立ち、椅子をガタガタさせるなど「ADHD診断基準」の項目そのままの行動がみられたので、ADHDの診断は容易かと思います。あと興味ある物に対しての過度の集中からは、容易に自閉スペクトラム症が見てとれます。

自閉スペクトラム症とＡＤＨＤの併存では、ＡＤＨＤ治療薬の服用がないと自閉スペクトラム症の支援もうまくいきません。診断は比較的容易なのですが、ＡＤＨＤ治療薬をしっかり服薬し継続するためには、投薬開始のタイミングが大切になります。

症状を見極めての投薬

最近は最初から投薬を期待しながら病院に来られる方も少なくないので、この場合はすぐにでも薬物療法を開始しても良いと思われます。Ｂさんの場合は初診が十二月なので、すぐに冬休みです。一学期に比べて、改善している行動もあるので、二年生の初めまで様子をみました。

投薬の際には、ＡＤＨＤだからＡＤＨＤ治療薬を処方するというだけではなくて、しっかり薬物療法のターゲットとなる症状を説明することが大切です。

自閉スペクトラム症の併存

「家のお金を盗る」という問題は、自閉スペクトラム症とADHDが併存している場合には、それほど珍しい問題行動ではありません。家族がお金を目の届かないところにしっかり管理していれば、問題行動がなくなることがほとんどです。

しかし、自閉スペクトラム症の影響（例えばお金に対するこだわり）の場合、そう簡単には収まらないことがあります。これについては、その子の特性を個別にしっかり評価しなければなりません。

症例⑥ S・U 七歳（小学校一年生） 男子 自閉スペクトラム症 限局性学習症

トミカが好き

Sくんは、乳幼児健診の際、言葉が出なかったのですが、家では他の子と同じように言葉が出ていたということで、特に問題視されませんでした。

保育園では自分の世界を妨げられると怒る子で、気に入ったことはしますが、お遊戯などみんなと一緒にすることはしませんでした。自動車の玩具、トミカが大好きで、家ではずっとトミカで遊んでいました。

喘息と発達障害

小学校に入ると、学校から家に帰るとすぐにブロック玩具のレゴを始めて、それを妨げられることがあると怒り出します。どうも学校の勉強に付いていくのは大変そうです。問題が読めないSくんを見て、お母さんは学校に相談しますが、「大丈夫」と言われるだけです。

喘息で通っている小児科の先生に発達障害の疑いがあると言われて、児童相談所に相談に行ったのですが、診察までには二年待たなければならないと言われました。それでお母さんは自分で病院を調べて、小学一年生の十月に病院を受診しました。

映画「カーズ」

初診時は緊張している様子はないのですが、「何年生？」と聞くとすぐさま「二年生」

と答えました。答を聞いてびっくりしたお母さんが「えっ、違うでしょ」と言うと、自分でもびっくりしたように「あっ、一年生」と言い直しました。あとは目立った言い間違いはなく、言葉数は少ないのですがきちんと質問に答えてくれました。

とにかく車好きで、「将来なりたいものは？」と聞くと「スポーツカーの選手」と元気よく答えてくれました。しかし、自分の話の番が済むと、勝手にふらふらと診察室を出て行ってしまいました。

心理検査の時は、検査室から勝手に出て行くことはなく、最後まで静かに課題に取り組めました。検査には真面目に取り組んでいるのですが、検査の先生が課題を言い終わる前に、検査道具を触ったり、説明が終わってすぐに「わからない」と答えたりしました。話し方は途切れ途切れで、語彙は少なく、話す内容も乏しいようです。ただ、車を擬人化した映画「カーズ」が好きで、カーレースの最後の場面を自ら滔々《とうとう》と話し出したということです。

「やしくかる」

書字では、「やさしくする」と書こうとするところを「やしくかる」と書いています。

その文字の大きさはバラバラで、「や」という字は上手く書けませんし、「し」は鏡文字（注1）です。

学校では「大丈夫」と言っていた先生も、字は書けないと言っています。ひらがなが上手く書けないので、車についてはカタカナで書いていると言います。このように先生もSくんが書字が苦手であることはわかっているのですが、この学校に通う子の中には、字が上手く書けない子が結構いるようで、あまり気にされていないようでした。

授業中はボーッとしているようですが、立ち歩くこともなく、身体も大きいので一番後の席に座っています。Sくんは人や物によくぶつかるようですが、本人はあまり気付いていなくて、友だちとトラブルになることがあると言います。それでもSくんは大人しいので、やんちゃな子がいっぱいいるこの学校では、「大丈夫」ということになってしまいます。

就学相談

Sくんの知能検査（ＷＩＳＣ－Ⅲ）の結果は、言語性ＩＱ65、動作性ＩＱ１００、全検査ＩＱ80（95パーセント信頼区間で数値を変更）でしたので、小学二年生から特別支援学級に入級することは難しいと言われていますが、先生は出来る限りSくんの勉強に協力してくれました。

小学二年生の時の先生も協力的で、普通学級での勉強は難しいのですが、Sくんの課題を減らすなどの対応をとってくれました。そして市の就学相談では特別支援学級が望ましいということになり、小学三年生からは特別支援学級に入級することが出来ました。また、児童相談所でのSくんの診察の番が回って来たので、小学三年生からは児童相談所の診療所に通うことになりました。

遠い風景から日常へのコメント⑥

行政の対応

Sくんの話は、もう十年近く前の話なのですが、この地域の行政はあまり変わっていないようで、患者さんの話では今でも診察まで年単位で待たされるのは当たり前のようです。他の患者さんの例では、幼稚園の時に申し込んだ「療育」の順番が、小学二年生になってようやく回って来ました。

その時の小学校の担任の先生は、その子の特性をよく理解し適切な対応をとられていましたので、「何を今更」という感じでした。しかし何が基準かよくわからないのですが、時々すぐに診てもらえる人もいるのが不思議です。行政には、時代にあった対応を期待したいところです。

特別支援

小学三年生からは、さらに学習のサポートが重要になります。学習の問題が、限局性学習症（注2）によるものか自閉スペクトラム症によるものか、はたまた他の発達障害によるものかの見極めをしながら進めなくてはなりません。とにかく特別支援という枠は整いましたので、あとは支援の質が問題となります。

注1　鏡文字　上下はそのままで、左右を反転させた文字。鏡に映すと正常な文字となる。それで、「鏡像文字」ともいう。五、六歳の子どもの場合無意識に書く場合がある。また左利きの人に多いと言われる。頭部の外傷で脳が傷付けられて、鏡文字を書くようになった事例も報告されている。いずれも原因はよくわかっていない。

注2　限局性学習症　LDに同じ。DSM－5で、限局性学習症(Specific Learning Disorder SLD)と名称が変更された。「限局性」という言葉が示すように、全体的には知的な遅れはないが、「読み」「書き」「算数」など特定の課題の学習に大きな困難がある状態を言う。

コラム

療育再考

少人数のデメリット

「療育」センターは自閉スペクトラム症の子にとって、とても大事な「場」「時間」「雰囲気」等を与えてくれます。その字の通り「医療（治療）」と「教育」が連携している所なのですから。

センターでは少人数、あるいは一対一での勉強・遊び——そこからコミュニケーション力を養います。培《つちか》います。対人関係の不和を解決します。

そうでしょうか？

「療育」をもう一度考えてみましょう。

その幼い子は「人が恐い」と言います。対人過敏になっています。それで療育センターで、先述の一対一の「治療」と「教育」を受けました。とても元気になったその子は療育のその先生と仲良くなり、「さあこれで」と思って外に出ました。しかしその子には外の人は以前と同じ、みな恐い存在でした。その子は少しも療育以前の「人は恐い」から変わっていませんでした。そう、一対一の関係は、一対一の関係でしかなかったのです。これでは幼稚園にも通えません。友だちであるべき存在が「恐い」のですから。

では、どうしたらいいのでしょう。やはり少ししんどいけれど幼稚園に行く子だったら、幼稚園に通うべきなのです。保育園に行く子だったら保育園に通うべきなのです。

三年待ち

大体、療育センターにはそう簡単に入れません。現状では公立のセンターでは申請してから三年待ちと言います。三歳児健診で発達障害と言われて、早くの治療を願っても療育センターは三年待ち、専門の医師に診てもらうのも、療育を行っている病院では十か月から一年待ちと言います。「待って待って」――それであまり効果が期待出来ないとなれば、どうしたらいいのでしょう。

やはり〝家〟が大切なその子の逃げ場です。自閉スペクトラム症の子はいわば因幡《いなば》の白兎ではありませんが、皮をむかれて赤裸という状態なのです。だから音・匂い・接触に敏感なのです。ちょっとした音にもびくびくします。微妙な匂いに反応してその匂いのする部屋に入ることが出来ません。また友だちがその子の肩とぶつかりそうになったら「僕を叩いた」ということになりかねません。解決策はその子を「包んで」あげることです。すりむけた膚を表にさらさないように、くるんであげることです。

ただこの仕事をお母さんだけに押し付けるとお母さんは倒れてしまいます。そこで再び「療育センター」の登場です。センターで預かってもらう日を作ります。お母さんの「休日」を作ります。民間の施設ではこの「預かり型」が増えています。もちろん費用は掛かりますが、手続きに面倒はありますが――でも頑張れば、自治体から助成金を受けることも出来ます。

六歳

療育センターには専門のスタッフがいます。臨床心理士・言語聴覚士・作業療法士・保育士。しかしお母さんに適う存在はいません。すべてを療育センターに任せるのではなくうまくセンターを利用することを考えることが必要だと、センターの仕事を長く見て来た先生から教えて頂きました。それにしても三年待ちでは、民間に行くしかないと言っているようなものですね。公立のセンターは「待つ」ことでその子の未来を奪ってしまうかもしれません。

自閉スペクトラム症

「子をとろ　子をとろ」

江戸時代の子どもの遊び。「はないちもんめ」と同様、「その子が欲しい」。鬼ごっこの起源ともいう。みんなと楽しく遊べるといいね。『守貞漫稿』全三十五巻。江戸後期。

に立ち向かうためには、六歳までに何らかの支援を受けることです。六歳。ここを超えると「つまずき」ます。六歳までに専門医に診てもらうことが望まれます。それと並行して「待つ」ことを覚悟して療育センターへのアプローチも。支援の輪は大きいほど多いほど、その子にとって強いものになるのですから。

症例⑦　L・E　六歳（小学校一年生）　男子　自閉スペクトラム症　知的障害

濡れたパンツ

Lくんは幼稚園に入園すると、四月は先生の声掛けに「おはよう」と応じていたのに、五月頃からは送ってきたお母さんの後ろに隠れて、「先生、嫌い」と言ったりするようになりました。参観日には泣き喚くし、何かをさせようとすると怒るので、みんなと一緒に何かをするということが出来ませんでした。

年中になると、トイレに行くのを嫌がり、濡れたパンツを着替えさせるのも難しく、濡れたパンツで一日中過ごすこともありました。

そこで市の発達相談を勧められ、それと並行して年中の時に小児科クリニックの発達相談に通院しました。幼稚園から帰る時の人の波を嫌がったり、家では不安があると癇癪を起こしたりするので、そのクリニックではＡＤＨＤを疑いました。そして癇癪には抗不安薬を処方して、症状は少し改善したようです。

年長の時には、就学に向けて地域の小児専門の医療センターを受診し、広汎性発達障害の疑いの診断を受けています。通院は先のクリニックを続けて、年長の二月からはＡＤＨＤ治療薬を開始されました。

パンチの真似

小学校は特別支援学級に進級しました。学校が医療との連携を考えて、当院受診を勧めたこともあり、Ｌくんはお母さんに連れられて小学一年生の七月に当院を受診しました。

初診時は、声を掛けると、やはりお母さんの後ろに隠れてしまい、一言も話すことはありませんでした。学校の先生によると、お母さんがいるとシャッターを下ろして、他人をシャットアウトするとのことですが、お母さんと離れるのが難しいという訳ではないようです。

先生が指導をしようとするとパンチの真似をして、意にそぐわないことを言われたり指図されたりすると、蹴ったり叩いたりします。子ども同士では、思ったことをすぐに口に出してしまいます。人が嫌がることを言い、トラブルになることがあります。

着替えが苦手

生活場面では、活動の切り替えに時間が掛かり、何もせずにぼんやりしていることがあります。着替えは、服の裏表や前後を見分けるのが苦手で、「ややこしい、じゃまくさい」と言ってなかなか着替えようとしません。靴を左右逆に履いていることもあります。

偏食が激しく、給食を食べないことがあります。温度、感触、見た目や臭いなどが気になるようです。特に臭いには敏感で、「猫のにおい」、「おじさんのにおい」などと嫌な臭いを表現します。

自分の名前

学習面では、読み書きが苦手です。七月頃には1から10までの数字はだいたい読めるようになりましたが、5から先は読むのが不安なようで、途中から読むことが苦手で再び1から読み始めます。

ひらがなを読むのも少し難しいようです。数字や文字を見たまま書くというのが難しく、なぞるのも苦手です。文字の大きさが一定しないことはもちろんのこと、文字が横になったり、鏡文字になったり、直線と曲線が一緒に描かれたりします。自分の名前をひらがなで書く時も、順番はバラバラで文字も足りなかったりします。

薬の変更

薬物療法は、ひとまず同じ処方を引き継ぎ、抗不安薬とＡＤＨＤ治療薬を服用してもらいました。それで一か月間様子を見ていましたが、家でも先生からの話でも、ＡＤＨＤ治療薬は効果がないようです。

自分の思うようにならないとイライラします。テレビのチャンネル操作を自分で間違えているにもかかわらず、イライラして大声を上げたりすることが日に何度もあります。

ちょっとしたことで妹を叩きに行くことも増えました。そこで薬は、ＡＤＨＤ治療薬を中止して、気分安定薬に変更しました。寝る前の抗不安薬は、ある方が睡眠が安定するようなので、引き続き服用してもらいました。

薬の減量への試み

小学二年生になって、一年生の時よりずいぶん落ち着いて来たので、六月の診察の時に気分安定薬の減量をお母さんが希望されました。そこで少し減量してみたのですが、やはり飲んでいる方が落ち着いているということで、薬を元の量で継続することになりました。

その後もさらに落ち着いて来ましたが、小学三年生の冬頃から眠りが浅く、夜中に目が覚めるようになってきました。そこで寝る前の抗不安薬を眠剤（睡眠薬）に替えました。

小学校は無事卒業し、中学校も特別支援学級に進みました。

遠い風景から日常へのコメント ⑦

軽度知的障害

知能検査は七歳、九歳、十一歳で施行しました。自閉スペクトラム症の子どもでは、小学一年生だと検査の教示の理解が難しい場合があるので、Lくんも小学三年生で再検査しています。あと中学校への進路決定の参考のために小学六年生で、もう一度検査をしています。全検査ＩＱは三回とも55～60程度でしたので、ＩＱからは軽度知的障害に相当します。

自閉スペクトラム症も知的障害も学習困難の原因になりますが、小学一年生の時には読み書きの困難さも別にあったと考えられます。しかし読み書きも徐々に改善していって、中学生の時には百点を取る科目もありましたので、現在は限局性学習症の診断名は挙げておりません。

ＡＤＨＤ治療薬を選ぶ

薬物療法に関しては、中学校に入って落ち着いてから、気分安定薬の減量を試みましたが、やはり落ち着かなくなったので中学でも継続しました。ＡＤＨＤ治療薬は、前医の処方していたストラテラは無効でした。小学六年生の冬頃に集中力を欠くことがありコンサータを開始しましたが、効果がはっきりせずに中止しました。しかし中学で、気分安定薬を中止後、再開した時に集中力の低下が見られましたので、再度コンサータを開始しています。そのおかげか、本人の頑張りもあって百点を取ることが出来ました。

コラム

ロボットはお友だち

鉄腕アトムと鉄人28号

ロボットといえばおそらく私たちが古い記憶から呼び起こすのは、「鉄腕アトム」ではないでしょうか？　いえ、ＡＳＩＭＯ（アシモ）？　アシモは日本で開発された二足歩行のロボットです。このアシモ、実は鉄腕アトムがその開発の動機にあった、と言います。

「いえ僕は鉄人28号です、ロボットと言ったら、あの巨大な鉄の鎧をまとった鉄人です」と、思う方も多いでしょう。アトムはあまりに人間じみています。少年がリモコン操作する鉄人28号こそ、「ロボット」と言うにふさわしい存在かも知れません。

あっ、忘れていました。アトムも鉄人28号も漫画の世界の住人。アシモは、この現実世界のロボットです。

今日本では「ロボット」は色々活躍しています。産業用ロボットから自動運転の車、生活用品のロボット掃除機まで。ただ、ここではアトムに戻って、人間に近いロボットのお話をします。

石黒浩のロボット「エリカ」

最近ロボットといえばこの人の名前が挙がります。大阪大学教授の石黒浩氏。メディアへの露出もあって多くの人にその名が知られ、その研究もそのロボットも有名です。若く美しい女性「エリカ」という名前のロボットというか、アンドロイド……アンドロイドの定義もむずかしいですね。「人型ロボット」でもいいのですが、より人間に近いということでここでは「人間もどきロボット」としておきましょう。

エリカはその皮膚感覚も人間ですし、何より「表情」を持っています。目の動き、口許の上がり具合、その動かしようで彼女の「こころ」さえ読み取れるようです。エリカは身体も「女性」です。ふくらんだ胸、長い脚、美しい腕（手がなぜか身体に比して大きいのだけれど）。もうエリカは「もどき」を超えて人間です。石黒氏はエリカを追求して、どこに行こうとしているのでしょうか。答はこうです。

「人間とロボットの境目がなくなる時、人は『人間とは?』という〝問〟を本気で考えるであろう」。

「僕、まだ歩けない、抱っこして」

石黒氏の開発するロボットは「人間もどき」だけでは、ありません。むしろ人間から遠ざかろうとしているロボットがいます。「等身大ではダメなんだ。

等身大だと恐さが出る、幼児がいい、赤ん坊がいい」で開発されたロボットがいます。名前は「テレノイド」と言います。テレノイドはエリカのような表情は持っていますが、身体は、とても抽象的です。手があります。またささやかな足、というより太腿《ふともも》があります。けれどその手足は「ぬいぐるみのように」アバウトです。エリカのような繊細な作りを拒否しています。耳もありません。性別も年齢もわかりません。

なぜでしょう。テレノイドは高齢者とお話をしたり、自閉症の子どもたちと会話をします。そのためにあまりリアルに作らなかったのです。

また彼（彼女）は、アシモやエリカのように二本足で立てません。足が不完全

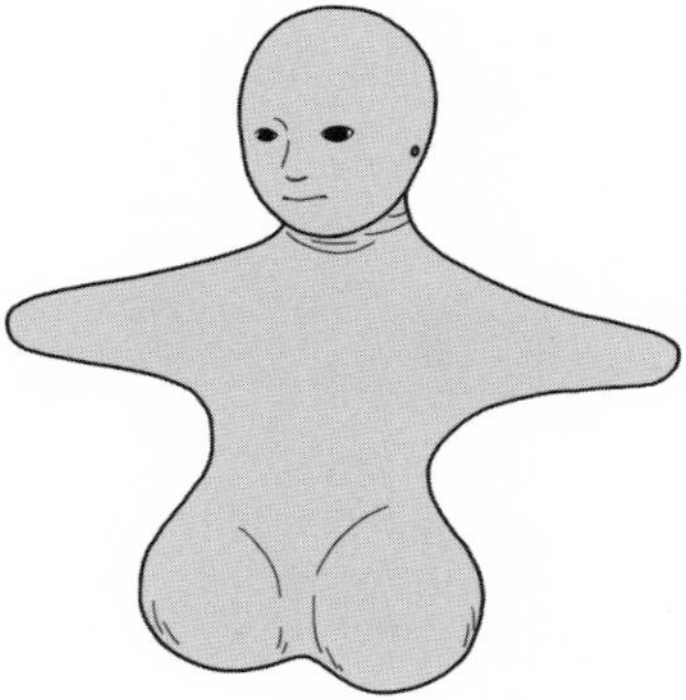

テレノイド

遠隔操作型アンドロイド。「人間としての必要最小限の見掛けと動きのみを備えたロボット」。重さは数キロ。耳部分はマイクとなっている。人間感をなくしながら存在感を持つ「人類の新しい友人」を目指して開発された。

だからです。そこでおばあちゃんに「ぬいぐるみ」のように抱っこしてもらい、そこからお話を始めます。

同じように子どもがテレノイドと出会ったら、やはり「ぬいぐるみ」と出会った時のように、「抱っこ」をするでしょう。

ぬいぐるみは喋りませんが、テレノイドは、話し掛けて来ます。ゆっくりとやさしく。その会話はテレノイドの柔らかい身体（外装はソフトビニール）と同じく、相手に限りなくあたたかいのです。矛盾しているようですが、ここにテレノイドの「人間らしさ」があります。

しかしテレノイドはロボットとしてもまだまだ未完成で、未来を模索しています。

テレノイドの未来

もし自閉スペクトラム症の子どもたちがテレノイドに出会ったら、どんな反応を示すのでしょうか。

テレノイドは「完璧なヒト」になることを拒否しました。しかしヒトの面影を宿しています。「あなたはいったい何者?」と聞いたら、テレノイド自身が答に窮するでしょう。

テレノイドは自分の未来を決めかねています。

自閉スペクトラム症の子どもたちの中には、人形《ひとがた》を恐がる子がいます。「ぬいぐるみ」は好きでも。その理由はよくわかりません。普通に「人形が恐い」という人も結構います。

自閉スペクトラム症の子どもたちに果たしてテレノイドは受け入れられるのでしょうか。テレノイドの未来はもしかしたらその子たちが教えてくれるのかも知れません。

症例⑧ I・T 六歳（小学校一年生） 男子 自閉スペクトラム症

鬼ごっこが好き

Iくんは歩き始めや話し始めに遅れは見られませんでした。三歳児健診の時に、会場で走り回っていたので多動を疑われましたが、特に相談を勧められるということはありませんでした。一歳一か月から通っていた保育園では、年中になると外遊びが多くなり、Iくんも活発に遊んでいました。

しかし、時々行われるリトミックは参加せず、夏のラジオ体操は会場の公園には行くのですが、体操には参加せずに虫取りをしていました。友だちと遊べば、決まってトラブルです。例えば、本人は鬼ごっこが好きなので、鬼ごっこが止められません。みんなが鬼ごっこを止めようとすると怒り出し、物を投げたり、友だちを叩いたりしていました。

お母さんの膝の上

年長の二月には、小学校で就学前説明会があったのですが、Iくんはお母さんと離れることが心配で仕方ありませんでした。児童は保護者と分かれて、迎えに来てくれる上級生と教室に入るのですが、Ｉくんはお母さんの手をぎゅっと握りしめて離れようとしません。そのためお母さんと一緒に教室に入ったのですが、座席にも一人でなかなか座ることが出来ません。椅子の横に座っているお母さんの膝の上にずっと座っていました。作業することになって、やっとお母さんの膝から離れたので、お母さんは説明会に参加することが出来ました。お母さんから離れるのに、三十分ほど時間を要しました。

お姉さんの教室

そんな様子だったので、お母さんは入学後のことを大変気にしていました。入学式の次の日は、同じ学校に通うお姉さんと一緒に集団登校が出来ました。しかし、その翌日からは、母親から離れて集団登校で登校するのを嫌がりました。それでも四月中は、お姉さんがなだめすかして何とか登校はしてくれましたが、登校後は自分の教室に一人では行けず、授業開始ぎりぎりまでお姉さんと離れるのを嫌がっていました。

ゴールデンウィーク明けからは、いよいよ登校を渋るようになりました。それでお母さんと一緒に登校するのですが、登校後もなかなかお母さんと離れることが出来ません。

先生がいつも下駄箱まで迎えに来て、特別支援学級で少し遊んでから自分の教室に入ります。授業中は一時間座っていることが難しく、「面白くない」、「わからない」などと言って、教室を飛び出して、お姉さんの教室に行くことがよくありました。

隣の席の女の子

また、五月頃からは女の子にちょっかいをかけることが多くなり、先生から注意を受けることも増えました。六月の工作の時間には隣の席の女の子の顔を殴ってしまいました。Ｉくんが前の席の男の子に声を掛けたので、その男の子が後ろを向いてＩくんの机で作業を始めました。それに怒ったＩくんは、何故か隣の席の女の子を殴ってしまったのです。

家でも自分の思い通りにならないことがあると、スイッチが入ったように怒り出します。なかなか怒りが収まらないので、壁を蹴ったり、物に当たったりします。お姉さんと遊びたいのですが、お姉さんが嫌がるようなことばかりするので喧嘩になってしまいます。

このように問題行動が目立つようになり、小学一年生の七月に小児科クリニックを受診されました。その後もプリントを配っただけで、その子の目を殴る、押し倒していないのに押し倒したと言って、腕を鉛筆で刺すなどの問題行動が続きました。そのような状況の中で、学校とお母さんの関係も悪くなり、困ったクリニックの先生はＡＤＨＤ治療薬を処方され、学校との関係調整が難しくなったとのことで当院を紹介され、小学一年生の十二月に受診されました。

Ｉくんを応援

初診時は診察室内をうろうろして、椅子に座ることはありませんでした。「何年生？」と聞くと、指で「１」と示します。あとの質問は、すべて頷くだけです。

この頃には、家でも少し落ち着いて来て、学校でもトラブルが減り、トラブルがあっても謝ることが出来るようになっていました。

また、トラブル続きであったにもかかわらず、クラスの子はＩくんを応援してくれていて、クラスの中心的な子がよく声を掛けてくれていました。ＡＤＨＤ治療薬の効果もあるようなので、前医の処方を引き継いでおきました。

年明けの一月の診察の時も問い掛けには答えず、取り上げられたゲーム機を返して欲しかったらしく、「ゲーム、ゲーム」とお母さんに要求していました。学校にはお母さんが付いて行っています。それで授業は受けられているようで、大きなトラブルもないようです。

手が出る、足が出る

小学二年生の滑り出しも順調です。思い違いはあるものの、友だちとも楽しくやっています。九月には苦手な運動会があったため、授業中の立ち歩きや暴言などが見られましたが、十一月頃からは落ち着いて過ごせるようになりました。クラスの中でのトラブルは、先生が上手く中に入ってくれるので大事には至りませんが、他のクラスの子とのトラブルが見られます。ぶつかったと言っては、手が出たり足が出たりしていました。

小学三年生のスタートもまずまずですが、相手を怒らすような悪口を言っているようです。朝に女の子に注意されたことに対して、昼になってからその子に「ブタ」と言ったりします。九月の運動会シーズンはいらつきが増えたり、家でのゲームの時間が増えたりしましたが、去年よりはましです。

小学四年生になってからは、さらに落ち着いています。しかし切り替えの悪さはあるので、パニックになるとお母さんを蹴ったり、壁を殴ったりしていました。二学期の中頃からは再び問題行動が増え、三学期には学校に行かない日が出て来ました。

遠い風景から日常へのコメント⑧

子どもに甘える?

トラブルを引き起こすような子に対しても、子どもたちは意外と優しく接してくれることがあります。しかし、大人はそんな子どもたちに甘えてばかりではいけません。時に、しっかりした子に任せきりにしている先生を見ますが、しっかりした子は後に責任感から「うつ的」になることもあるということを知っておく必要があるでしょう。

薬の力を借りながら

Iくんのお母さんは一所懸命勉強して、Iくんのことを理解しようと努めていました。時に、勉強し過ぎてその結果、子どもに負担を掛けることがあるので難しいところです。

なにはともあれＩくんは、比較的理解のある環境の中、コンサータの力を借りながら成長して行きました。

次の問題、学習補償

Ｉくんの知能検査（ＷＩＳＣ－Ⅲ）の結果は、言語性ＩＱ80、動作性ＩＱ95、全検査ＩＱ85です（90パーセント信頼区間で数値を変更）。小学四年生からは学習内容の抽象化が進んで来ますから、自閉スペクトラム症を持つＩくんは学習面で厳しくなって来るかも知れません。それが問題行動の増加に繋がることがあります。小学一年生の時は、登校後に特別支援学級を利用していたのですが、成長につれて特別支援学級を嫌がるようになって来ましたので、これからの学習補償をどうしていくかが次の問題になります。

症例⑨　T・N　七歳（小学校一年生）女子　自閉スペクトラム症

特別支援学級を希望

Tさんは歩き始めには遅れはなかったのですが、話すのは遅く、保育園の時はことばの教室にも通っていたと言います。小学校は普通学級に進みましたが、学習面でも生活面でも学校生活に難しさがみられ、小学一年生の時から通級指導教室にも通っています。お母さんは市の就学相談にも相談され、二年生からは特別支援学級に進級することを希望されています。それで今後の支援を明確化するために通級指導教室からの紹介で、小学一年生の十二月に当院を受診しました。

鍵盤ハーモニカの音が嫌

初診時は緊張することなく、診察の机の上でこちらを気にする様子もなく、勝手に独り遊びをしていました。遊びながらも質問には短い言葉ですが回答はしてくれました。因みに、二回目の診察の時には、入室すると何も言わずに電子カルテのパソコンのマウスを目指してまっしぐらでした。

お母さんも表情変化は少なく、言葉数も多くはありません。そのお母さんによると、Tさんは家では「独り言」を言うぐらいで、生活リズムも整っており大きな問題はないようです。

学校での学習では、得意で自信のあることは前向きに取り組むのですが、そうでないことはやりたがりません。教室の音が気になって、作業などで教室が騒がしくなると、自分の席から離れて教室の中を歩き回ったり、絵を描いたりして気持ちを落ち着かせています。音が何もかも嫌かというとそうではなく、音楽を聴くことは好きで、好きな曲の時は嬉しそうです。また音楽に合わせて踊ったりしています。でも鍵盤ハーモニカは苦手なので、やりたがらなかったり、「うるさい」と言って周りの鍵盤ハーモニカの音を嫌がったりすることがあります。

文字を書くこと、計算に困難

書くことは苦手で、自分からはやりたがりません。文字は正しい形に書写出来るのですが、書き順は自分が書きやすいように書いています。一学期は「ひらがな」があまり書けなかったのですが、二学期からはひらがなに興味を持つようになり、次第に書けるようになって来ました。漢字は、興味のある漢字で画数の少ないもの、例えば「目」とか「口」なら書けます。

計算は絵を描いたりして、具体的な物を使って考えます。繰り上がりのない足し算や繰り下がりのない引き算など、絵を見てすぐにわかる学習は取り組もうとすることもありますが、繰り上がりや繰り下がりがあって、絵があっても少し時間が掛かるものはやりたがりません。何度も繰り返して計算練習をするのも嫌がります。

身体を動かすことは嫌いではないのですが、体育の授業で、並んだり順番を待ったりするのが苦手です。他の子に比べて「自分は出来ない」と感じたり、思い通りにならなかったりするので、体育にはあまり参加しません。特に運動会の練習など集団行動を強いられる場には嫌がって参加しません。

自分の言い分は曲げない

対人面では、入学当初は「友だちは一人だけでいい」と言っていました。その一人というのは、保育園が一緒だったTさんのお気に入りの子です。それで他の子とはあまり関わろうとしなかったのですが、二学期からは他の子とも関わろうとすることが増えてきました。

相手の立場で物事を考えることが苦手なので、トラブルに発展することもあるのですが、落ち着いてから先生が話をすると素直に聞き入れることが出来ます。自分が悪かったことを謝ることも出来ますが、それも相手によるようです。また日頃から自分が苦手とすることでトラブルになると、先生が話をしても決して自分の言い分を曲げず、さらに相手を叩いたり、突き飛ばそうとしたりすることがあります。

状況を読み取れない

生活面では、取り掛かりが遅れたり、時間が掛かったりすることが多くあります。給食や帰りの用意など、本人が早くしたいと思うことが後にあると、比較的スムーズに動けます。しかし体育の着替えや朝の用意など、本人がやりたくないことが後に控えていると時間が掛かります。毎日決まっている行動、例えば登校後にランドセルの中に入っている物を机の中に入れて、連絡帳を先生に提出することなどは出来ますが、状況に応じて必要となること、例えば体操服の袋を廊下のフックに掛けるとか、ロッカーに入っている物を取って来るなどは、各々個別に、そして具体的に声を掛けることが必要になって来ます。

時計の針が読み取れない

小学二年生は特別支援学級を希望されていたのですが、希望が通らず普通学級に進むことになりました。

小学二年生の四月を最後に通院は途切れていたのですが、小学三年生の六月に再び受診されました。三年生からは特別支援学級に入級することが出来て、落ち着いて過ごしていましたが、学校から再検査を勧められての受診でした。

七月は検査結果を聞きに受診されましたが、しっかりして切り替えも早くなったというお母さんの話がありました。先生からも切り替えが早くなったという評価です。

支援学級では下の子にお姉さん的な関わりもしてくれているようです。交流学級にはなかなか入りにくいようです。九九が覚えられず、時計の読みも難しいようです。長針と短針が重なっているところが難しく、何分後というのも難しいようです。強制されると怒り、授業がわからないと歩き回ります。

高等養護学校を希望

生活面はだいたい落ち着いているようですが、学習面では出来ないことが多いのでADHD治療薬を試すことにしましたが、結局本人が嫌がって飲まなかったようです。

そして次に受診されたのは、小学五年生の一月です。特別支援学級で落ち着いて過ごしているのですが、再検査をしてみたいということでの受診です。

先生によると、交流学級にも行ける時間が出て来たと言います。理科の実験、家庭科、体育、外国語活動です。

その後は小学六年生の十月頃まで、二か月から三か月に一回の通院です。学校では頑張っていて、苦手な運動会にも参加出来ました。友だちはいませんが、寂しさはありません。休み時間は図書館で本を読んで過ごしています。

中学校も特別支援学級に通級し、落ち着いて過ごしていたようです。中学三年生の時に、高等養護学校を考えているとのことで、検査を希望されての来院です。

結局、高等養護学校には進学せず、通信制の高校に進学されました。次に受診されたのも検査希望で、今度は卒業後の進路のためでした。

遠い風景から日常へのコメント⑨

「検査」を希望

Tさんはその時々の問題解決のため生活の節目節目で検査を希望して受診されました。知能検査は以下の結果です。検査結果の数値は90パーセント信頼区間で変更しています。

小学一年生：WISC－Ⅲ　言語性IQ70　動作性IQ120　全検査IQ95

小学三年生：WISC－Ⅲ　言語性IQ100　動作性IQ130　全検査IQ115

小学五年生：WISC－Ⅲ　言語性IQ90　動作性IQ105　全検査IQ95

中学三年生：WISC－Ⅳ　全検査IQ80　言語理解80　知覚推理100　ワーキングメモリー80　処理速度65

高校生（18歳）：WAIS－Ⅲ　言語性IQ75　動作性IQ90　全検査IQ80
言語理解90　知覚統合100　作動記憶70　処理速度50

下位検査項目を見てみると、いわゆる得意と不得意のプロフィールはあまり変わりませんが、年齢によって数値の変動がみられます。

小学校三年生の好成績

小学一年生、三年生、五年生はＷＩＳＣ－Ⅲで同じ検査ですが、小学三年生の時が一番好成績です。この時の検査で「書いた文字」やバウムテスト（注１）は、他の学年の時よりも力強いものでした。

同じウェクスラー式知能検査でもＷＩＳＣ－Ⅲから検査が代わると、全検査ＩＱが低下しています。検査自体の問題なのか、Ｔさん自身の問題なのか判断が難しいところです。頻回に知能検査を施行するのもどうかとは思いますが、一回の知能検査の数値にあまり振り回されないことも大切かと思います。

注１　バウムテスト　「樹木テスト」。スイスの心理学者にして、産業カウンセラーであったカール・コッホ（Karl Koch　一九〇六～一九五八）が、一九四五年に発表、一九四九年に完成させた描画による「投影法検査」。検査にはＡ４版の画用紙と芯の濃い鉛筆、消しゴムを用いる。それで被験者に「一本の実のなる木」を描いてもらい、その木の大きさ、全体のバランス、枝・根の状態を見、さらに「筆圧」の強さから、被験者の性格を分析する。

小学校二年生

症例① L・L　七歳（小学校二年生）　男子　自閉スペクトラム症

耳が聞こえていない？

Lくんは幼児健診では問題はなかったのですが、幼稚園年少の時はほとんど話をしないので、耳が聞こえていないのかと聴力検査を受けに行ったほどでした。もちろん聴力には問題はありませんでした。幼稚園では先生が付きっきりで対応してくれて、視線も合うようになり、言葉も増えてきました。

学級崩壊

小学校に入っても、上手く状況を伝えることが難しく、やっていないこともLくんのせいにされることがよくありました。小学一年生の時は、嫌がらせをされる方だったのですが、お母さんが先生に訴えても上手く対処してもらえませんでした。一学年二クラスで人数も多く、クラスが荒れていたようで、Lくんの支援は後回しになっていました。勉強はお母さんが付きっきりで教えていたために遅れをとることはありませんでした。

小学二年生では転校生が一人増えたこともあってか、四月八日にいきなり三クラスに変更になりました。三クラスになると先生も目配りが出来るようになるかと思いきや、三クラスともクラスが荒れてきました。

お母さんがＬくんの支援を申し出ても、先生は問題ないと取り合ってくれませんでした。Ｌくんのクラスは完全に学級崩壊で、六月の終わりから担任の先生は学校に来られるような精神状態ではなくなってしまいました。

受診

それで困ったお母さんは市の教育相談センターに相談に行き、病院で問題点をはっきりさせることを勧められ小学二年生の八月に受診されました。

受診は夏休みだったこともあり、Ｌくんは落ち着いていました。学校には登校出来ています。嫌なことは、「何もやってないのに『どけ』と押されること」と言います。しかしお母さんの話では、五月頃には鉛筆で足を刺されたことがあったり、六月頃には六対一で叩かれたりすることがあったと言います。小学二年生になって、家ではガタガタ震えて卒倒することもあったとのことです。

被害者と加害者

お母さんによるとLくんは、もともと些細なことでキーッとなる子と言います。一方でいじめられていてもわからないこともあります。友だちのAくんのことを「Aくんは足が強い」と言うことがありました。なぜかと聞いてみると「足が強いから蹴りが強い」と言いました。LくんはAくんからいつも蹴られていたのです。

またLくんは周りの環境に影響を受けやすく、大人しい子といると大人しいのですが、暴力的な子といると暴力的になります。そのため小学二年生の時は、いじめられる一方で加害者側になることもありました。学習面では、お母さんは理解が遅いと感じており、小学二年生になっても付きっきりで勉強を教えています。

新しい先生

二学期からはベテランの先生がクラスを受け持つことになり、クラスは次第に落ち着いて来ました。二学期から受け持った先生によると、Lくんは正面切って喋れないことがあると言います。独り言があって、それがもとでトラブルになるのですが、自分は悪くないと言います。先生はLくんの集団生活の難しさも感じておられるようです。

また立ち歩きはありませんが、きちっと姿勢を保つことは苦手なようです。

Ｌくんは二学期からのこの受け持ちの先生とは相性が良く、お母さんも先生に信頼をおいており、次第に問題は目立たなくなりました。小学三年生、四年生、五年生とも順調な経過です。小学六年生でも大きな問題はありませんでしたが、勉強は少し難しく感じていたようです。それでも中学受験を目指して頑張っていました。

今でも新しい環境では、歩き方が変になるほど緊張がみられましたので、中学への進学も考えて抗不安薬を開始しました。服薬してからは疲れなくなったと言いますから、普段も表面的には気付かれなくても結構緊張していたのかも知れません。中学は希望の学校に合格し楽しく通い始めました。

遠い風景から日常へのコメント①

支援のあり方

実は、この事例はもう少し上手く介入出来なかったのかという事例です。

小学二年生での知能検査（ＷＩＳＣ－Ⅲ）では下位検査項目に少しばらつきがみ

られましたが、言語性ＩＱ１００、動作性ＩＱ１００、全検査ＩＱ１００（90パーセント信頼区間で数値を変更）で、学級崩壊が収まった後は大きな問題もなく経過しました。後から思えば、幼稚園の時に付きっきりの支援をしたことと大きなギャップがありました。比較的穏やかに過ごした時も、もう少し注意深く見る必要があったのではとも考えます。

衝動コントロール

中学一年生になってからも順調で、成績は中ぐらいでした。それから成績も上がって来たのですが、中学一年生の終わり頃からは試験の時に「いらつき」が目立ち始めます。自分でも衝動コントロールが難しくなっていることに気付き、気分安定薬を開始しています。

中学三年生の時には兄弟喧嘩で包丁を持ち出すこともありました。包丁を持ち出すことはしばしばみられることですが、たいていは相手を傷付ける意思はないようにみえます。Ｌくんも兄弟を傷付けようとは思っていませんでした。

このように家ではだんだん暴力的になっていったのですが、学校では真面目に過ごして高校にも進学出来ました。

高校でも、学校では問題行動はなく、家では同じ調子でした。学校の方でも家の様子の情報を聞いていたのですが、学校では問題行動が見られなかったので、どう介入していいかわかりませんでした。

ゲーム三昧

Lくんはゲームが好きです。特に殺人や残酷なゲームを好むようになりました。ゲーム内容に何か影響されているような問題行動は見られませんが、ゲームを止めることが難しくなってきました。

そのうち成人向けのゲームをやり始めました。当然のことですが親から禁止されました。Lくんはきちんと約束を守っていたのですが、他の生徒が禁止されることなく成人ゲームを続けていたので、「何で自分だけ出来ないのか」と「いらつき」を募らせていました。

その頃から抑うつ状態が強まり登校出来ないようになりましたが、その後も家ではゲーム三昧でした。

コラム

行動嗜癖

ゲーム依存

最近の診察では、親御さんの困りごととして「ずーっとゲームばかりしてるんです」というのが目立ってきました。「ゲーム依存」という言葉も日常的に使われるようになっているのではないでしょうか。

インベーダーゲーム

電子テクノロジーに依って立ったゲームの走りといえば、一九七八年に株式会社タイトーが発売した「スペースインベーダー」で、類似品も合わせてインベーダーゲームと言われました。四十年ほど前のことですが、当時、大学をさぼってインベーダーゲームばかりやっている人もいました。「ゲーム依存」の走りと言えると思いますが、その頃はあまり「ゲーム依存」という言葉を聞くことはありませんでした。

「ゲーム依存」について親御さんの愚痴をよく聞くようになったのは、ここ数年のことのように思います。これはおそらくテクノロジーの進歩と関係があるのでしょう。

ゲームの奴隷

「ゲーム依存」のような、物質でなく行為に対する依存を「行動依存」と言います。「行動嗜癖《こうどうしへき》」と言った方が正確かも知れません。嗜癖（addiction）というのは、『ステッドマン医学大辞典』によると「ある物質または行為に対する制御不能の心理的および身体的な常習性の依存」とあります。またaddictionの語源は、「奴隷となる宣言を受ける」だそうです。古代ローマでは、例えば借金が払えないと「奴隷として働きなさい」と裁判所で宣告を受けたそうです。ゲーム依存は、さしずめ「ゲームの奴隷」といったところでしょうか。

「依存症ビジネス」

テクノロジーの進歩は、「依存症ビジネス」を可能にします。アダム・オルター

（注1）の『僕らはそれに抵抗できない』という本には、「依存症ビジネス」が人を操る六つのテクニックが書かれています。つまり行動嗜癖の六つの要素として、以下のものが挙げられています。

①　ちょっと手を伸ばせば届きそうな魅力的な目標があること。
②　抵抗しづらく、予想出来ないランダムな頻度で報われる感覚。
③　段階的に進歩・向上していく感覚があること。
④　徐々に難易度を増していくタスク（課題）があること。
⑤　解消したいが解消されていない緊張感があること。
⑥　強い社会的な結び付きがあること。

脳内報酬系

これらの幾つかは脳内報酬系を考えると合点《がてん》がいきます。脳内報酬系の鍵となる出来事は、「快感が生まれる」ことと「行動が強化される」ことです。そして大きな報酬と感じるのは、一つは不確実な報酬です。もう一つは、予測した報酬の大きさと実際に得られた報酬の差（報酬予測誤差）が大きいことです。

知ってか知らずか、このような脳の特性を利用して、インターネット上でビジネスが展開されているようです。どうも単なるゲーム好きで留まることはなかなか難しそうです。

特性か、依存か

ところで自閉スペクトラム症の中心症状の一つに、「行動・興味・活動の限局した繰り返し」の傾向というのがあります。この特性からも、ゲームに興味を持てばゲームばかりしている状態になりますので、「特性なのか」あるいは「ゲーム依存」なのか、はたまた二つが混在しているのかの見分けが難しくなります。

診察に来る「ゲームばかりやっている子」を見ると、意外とゲーム依存の子は少ないような印象を持っています。疾患としてのゲーム依存は、もう少し慎重に扱う必要があるでしょう。

ＤＳＭ－５　診断基準

参考までに、「行動嗜癖」の診断基準はＤＳＭ－５では、まだ新しい分類として追加されていないので、ＤＳＭ－５で作成されている「行動嗜癖」の一つ、ギャンブル障害の診断基準を載せておきます（表４－１）。ちなみにゲーム依存は、ＤＳＭ－５では「秩序破壊的・衝動制御・素行症群」の仲間に入ることになります。

注1　アダム・オルター（Adam Alter）　ニューヨーク大学スターン・スクール・オブ・ビジネスのマーケティング学科准教授。専門は行動経済学、マーケティング、判断と意思決定の心理学。『ニューヨークタイムズ』『ニューヨーカー』『WIRED』『ハフポスト』などの文字媒体に寄稿するほか、カンヌ国際広告祭やＴＥＤ（オンラインで講演を投稿するアメリカのメディア組織）にも登壇。二〇一三年の著書『心理学が教える人生のヒント』（林田陽子訳、日経ＢＰ社）はベストセラー。

表4-1　ギャンブル障害（Gambling Disorder）診断基準

A. 臨床的に意味のある機能障害または苦痛を引き起こすに至る持続的かつ反復性の問題賭博行為で、その人が過去12か月間に以下のうち４つ（またはそれ以上）を示している。

(1) 興奮を得たいがために、掛け金の額を増やし賭博をする欲求。

(2) 賭博をするのを中断したり、または中止したりすると落ち着かなくなる。またはいらだつ。

(3) 賭博をするのを制限する、減らす、または中止したりするなどの努力を繰り返し、成功しなかったことがある。

(4) しばしば賭博に心を奪われている（例：過去の賭博体験を再体験すること、ハンディを付けること、または次の賭けの計画を立てること、賭博をするための金銭を得る方法を考えること、を絶えず考えている）。

(5) 苦痛の気分（例：無気力、罪悪感、不安、抑うつ）の時に、賭博をすることが多い。

(6) 賭博で金をすった後、別の日にそれを取り戻しに帰ってくることが多い（失った金を“深追いする”）。

(7) 賭博へののめり込みを隠すために、嘘をつく。

(8) 賭博のために、重要な人間関係、仕事、教育、または職業上の機会を危険にさらし、または失ったことがある。

(9) 賭博によって引き起こされた絶望的な経済状態を免れるために、他人に金を出してくれるよう頼む。

B. その賭博行為は、躁病エピソードではうまく説明されない。
以下はそのギャンブル障害の程度。

軽度：４～５項目の基準に当てはまる。
中等度：６～７項目の基準に当てはまる。
重度：８～９項目の基準に当てはまる。

DSM-5より。

症例② M・M 八歳（小学校二年生） 男子 自閉スペクトラム症

「ぐちゃぐちゃな気持ち」

Mくんは小学二年生の十二月に学校の勧めで当院を受診しました。お母さんによれば、乳幼児健診では特に問題は指摘されていなかったそうで、保育園では「少し多動かな」ということを言われたことはあるけれど、友だちとも問題なく遊べていたとのことでした。

小学一年生の時は、自分の気持ちを言葉で上手く伝えられずにトラブルになることがあったと言います。トラブルの時にはMくん自身も「ぐちゃぐちゃな気持ち」と言うので、小学一年生の七月にスクールカウンセラーと面接をしました。この時スクールカウンセラーに「発達障害があるかも知れない」と言われ、当院の受診を勧められましたが、その時は受診には至りませんでした。

「頑張れない」

小学二年生の十月からは給食も食べないし、何もしていない女の子を叩いたり、担任の先生にも手が出るようになりました。またMくん自身も、加減が出来ないことに「頑張れない」と言うようになりました。そこでお母さんはＮＰＯ法人の教育相談を見付けて二、三回相談に行きました。するとそこでも当院を受診することを勧められ、二回も同じ所を勧められたことで、やっと受診することにしたのです。

九九は得意、「文章題」は苦手

先生によると、小学一年生の授業では十五分ぐらいは座っていたと言います。小学二年生になってからの方が自分の席でじっとしているのが難しく、わからないことがあればすぐに立ち歩きます。自分でもコントロール出来ないようで、注意すると逆効果で大声を上げたり、暴力を振るったりします。カーッとなると周りに当たって、通りすがりの子にも手が出る始末です。

給食は自分が一番でないと食べません。給食の量を減らして一番に食べ終われるように自分で工夫をします。勉強は出来るものはやるけど、出来なさそうだと思うと避けてしまいます。算数の九九は覚えますが、「文章題」は取り組むことが出来ません。日によって顔付きが違い、それは担任以外の先生もすぐに気付くほどです。特に週初めの月曜日に調子の悪さが目立ちます。

そんなMくんですが、友だちはたくさんいます。

お母さんの努力

診察では大人しく座って立ち歩くことはありません。質問に対しても答えてくれますが、「普通」とか「わからん」と、一言で済ませます。お母さんは「発達障害」についていくつか本を読んで勉強しておられるようで、Mくんについては、「言葉で説明するのが下手で、嫌なことが積もり積もって手が出るのではないか」という理解です。

広汎性発達障害の病名告知もスムーズで、気分の問題に対する薬物療法に対しても拒否する様子はありませんでした。それで小学二年生の一月下旬から気分安定薬を開始し、二週間の処方でしたが、次に受診されたのは小学三年生のゴールデンウィーク直前のことでした。

服薬の効果

お母さんによると薬は飲んでいるとのことでした。実際には小学三年生になってから服薬を開始したようです。そして授業参観での立ち歩きがなかったので薬は効いているのだろうという印象を持たれていました。

Mくんの気持ちは比較的落ち着いているようですが、受診したその日、学校では女の子にビンタをしたとのことでした。お母さんによると、Mくん自身はコミュニケーションのつもりでやって、相手の女の子もそんなに嫌な顔で訴えたのではないと言いますが、本当に嫌でなかったのか真偽は不明です。その後、薬は継続して服薬しています。

算数が出来る

小学三年生の六月に先生の話を聞くことが出来ました。小学二年生に比べたら大分落ち着いているとのことですが、新しいことを嫌うようです。朝から機嫌が悪い日があって、そういう時は教室から、ふらっと出て行ってしまったり、喧嘩をふっかけたりするそうです。しかし喧嘩をしても後を引くこともなく、友だち関係は悪くないようです。

学習面では新しいことには取り掛かりにくいそうですが、算数は良く出来るとのことでした。ただ「文章題」はやはり苦手です。家では弟の面倒をみるのが好きで、病院の受診は帰りにマクドナルドに寄れるので楽しみにしているという話でした。

服薬の中止

その後も時々トラブルはあるものの比較的落ち着いて過ごしていたので、小学三年生の二月ぐらいに薬をいったん止めてみたいという話になりました。そこで小学四年生の一学期が今のように過ごせたらという条件で、夏休みから薬を止めてみることにしました。小学四年生になっても同じような状態が続いていたので夏休みは服薬なしで過ごしました。

服薬の再開

夏休みも最後の八月末頃に、遊びに行く前に宿題をするという約束が守れず、お母さんと言い合いになって包丁を持ち出そうとしたことがありました。

始業式の次の日は頭痛で一日だけ休み、次の日からは登校出来たのですが、二学期は行事ごとでトラブルが増えるため気分安定薬を再開しました。その後はまた少しずつ落ち着きを取り戻していきました。

小学五年生からは服薬しない日が増えて来たので、小学五年生の夏からは服薬はなしで経過を見ることになりました。小学六年生からは友だちと遊びたいために通院を嫌がり、母親のみの受診となりましたが、それも二学期からは途切れてしまいました。

遠い風景から日常へのコメント②

公立校の問題

公立の学校は先生の入れ替わりがあるため、同じ学校でも発達障害の支援に熱心であったり、関心が少なかったりと時期によって様々です。Mくんの低学年の頃は発達障害の支援に熱心な時期で、高学年の時はあまり熱心な時期ではありませんでした。両親も発達障害の本を読んだりして、障害告知に対しても抵抗を示すことはありませんでしたが、どれほどの受け留め方をされていたかわかりません。

先生の支援

Mくんが進学した中学校は、ちょうど発達障害の支援に熱心な時期に当たっていました。中学校では、気分が乗らないと学校に行きづらく、中学一年生の六月になってから特に遅刻が目立つようになりました。

授業中は集中が続かず、独りで喋り続けているとのことでした。美術の時間など、先生の目の届きにくい後の席にすると、粘土遊びをひたすら続けていたりします。また気分は、テンションが高いか低いかの二極がはっきりしていると言います。そこで先生が両親を説得して、病院へ学校の状態を報告することの了承を得て、再び受診をすることを勧めてくれました。

治療薬の変更

Mくん自身が気分安定薬に拒否感があったこともあり、ＡＤＨＤ治療薬を開始しました。以後も継続して通院して、学校との連携のもと無事に高校に進学しました。

コラム

ぬいぐるみは「お母さん」

猫と毛布

ぬいぐるみ――この柔らかくあたたかい〝もの〟は、いつ、どこで、どのようにして生まれたのでしょう。

猫が「チュチュ」をしています。毛布に両手を交互に押し当て、ヨイショヨイショと一所懸命同じ動作を繰り返しています。この動作・所作は「フミフミ」とも言います。


「これは何をしているの？」

「お乳を吸っているのです」

「この子、赤ん坊じゃないし、もうシニアの猫ですよ」

「毛布をお母さんの乳房に見立てて、お乳を出そうと、一所懸命押しているのです。シニアとか関係ないのです。赤ん坊の時のあの感触が忘れられないのです」

「お母さんを思い出しているの？」

「さみしいのです。でもこの動作が終われば、まるでお乳を飲んだようにお腹も一杯になってこころが落ち着いて……ほら、ゴロンと寝ころびましたよ」

ネム、ネム。

ライナスの毛布

ライナスとは漫画『ピーナッツ』に出て来る五歳ぐらいの男の子の名前です。この子は左手にいつも毛布を持っています。右手の親指は口にくわえています。五歳の男の子にしては、ちょっと、いえ大分幼い？　彼は、立派な男の子です。『ピーナッツ』の主人公・チャーリー・ブラウンの一つ年下のお友だちです。野球を一緒にします。ただライナスは、その毛布は手放すことが出来ません。

この漫画『ピーナッツ』、あまりに有名になって（チャーリーの飼い犬・スヌーピーが大人気です）、それでこのライナスの持つ毛布も有名になりました。毛布は単独で〝名〟を持ちました。「ライナスの毛布」あるいはズバリ「安心毛布」と言います。「心理学者」も「ライナスの毛布」を分析しています。この「毛布」実は「ぬいぐるみ」のルーツなのです。

テディベア

「ぬいぐるみ」と言えば、まず私たちは動物のぬいぐるみを思い起こします。それも多くは「クマのぬいぐるみ」です。もっと言えば、「テディベア」です。クマのぬいぐるみは、ドイツのシュタイフ社が製作した「テディベア」に始まります（一説にテディベアはアメリカの大統領、セオドア・ルーズベルトに由来するとも）。ところで「抱っこ」する最初の動物のぬいぐるみは、なぜ、クマだったのでしょう。これも「毛布の心理学」と同じく「ぬいぐるみの心理学」で研究されています。

クマは中国ではとても神聖な動物でした。水の神でした。またクマは人間にとても似ていて二本足で立つことも出来ます。

クマのプーさん

もう誰でもが知っている、ディズニーのアニメのキャラクター「クマのプーさん」、このぬいぐるみもとても人気があります。クマのぬいぐるみの中ではおそらく一番有名なぬいぐるみではないでしょうか。

プーさんのその由緒を尋ねれば……実はテディベアなのです。こんな話です。

クリストファー・ロビンという男の子がいました。ロビンのお気に入りのぬいぐるみ、テディベアの名が〝プー〟です。ロビンとプーはとても仲の良い

「ぬいぐるみ」だった頃のプーさん

友だちのクリストファー・ロビンに手を繋がれて、階段を降りてくるプーさん。頭を打ち付けながら。その音、「バンプ、バンプ、バンプ」。挿絵：E.H. シェパード。A.A. ミルン『プーの物語』（初版1926年）より。

友だちです。それで、ロビンはプーさんの住むもう一つの不思議の国に入って行き、いろんな動物たちと出会い、その楽しい生活ぶりを見ます。そう、この物語の中ではプーさんは動きます、溌溂《はつらつ》と。プーさんは人間と同じような暮らしをしていますが、ドジでオッチョコチョイのプーさんの毎日は冒険の連続です。ロビンは空想世界でぬいぐるみのプーさんと遊びます。ロビンはそこでたくさんの智恵を得ます。

ぬいぐるみにはそういう力があるのです。子どもを空想世界に誘ってくれる、日常から脱出させてくれる力。もちろんロビンとプーさんのお話はロビンのお父さんのＡ・Ａ・ミルンの創作ですが。

私たちがぬいぐるみを抱くと、もうその子は、生きています。お友だちだし、赤ん坊だし、そしてその感触は「お母さん」です。

マツコさん

タレントの「マツコ・デラックス」さんは、なぜあんなに人気があるのでしょう。

　もちろん彼女（彼？）の才能が彼女を人気者に仕立てたと思われますが。もう一つは、彼女のキャラクターが、あまりにぬいぐるみ的だからではないでしょうか？　もっと言うと「ゆるキャラ」。マツコさんを受け入れている私たちは、彼女にくまモンとかひこにゃんを重ねているのではないでしょうか。

　マツコさんを見ていると、大地母神を思います。石黒浩氏が作ったマツコさんのロボットはちょっと「恐かった」けれど。

　ロボットの「テレノイド」は、「等身大では恐い」から生まれたものでしたが、もしマツコさんのぬいぐるみを作るとしたら、等身以上の大きな「ぬいぐるみ」がいいでしょう。そのマツコさんの胸に顔をうずめたら、きっと、みな「ネム、ネム」となることでしょう。

　ぬいぐるみは認知症のお年寄りにも、自閉症の子どもにもやさしい……「毛布の心理学」「ぬいぐるみの心理学」は、こんな答を出してくれます。

症例③　T・N　八歳（小学校二年生）　男子　自閉スペクトラム症　気分障害

裸足のTくん

Tくんのお母さんは臨床心理士で、Tくんが三歳頃に玄関の十センチメートル四方のマスの中でしか靴が脱げなかったことや、雨で服が少し濡れるだけで全部着替えないと気が済まないことなどが気になっていました。

保育園では、女の子とはままごとをして遊びますが、男の子とは遊びません。

小学一年生の時にクラスのリーダー的な子の子分になり、そこから急に男の子と遊ぶようになりました。家では両親に気を遣い過ぎるぐらいなので、両親は困ることはないのですが、学校ではよく喧嘩をして学童でもやんちゃな子として見られていました。

お母さんは参観日に行った時、上靴を脱いで裸足でいるTくんを見てショックを受けました。そのことと、手が出て他の子を傷付けるのが心配で、小学二年生の一月に病院を受診しました。

大工さんになりたい

診察室では、きちんと座っており、質問にもはきはき答えます。好きな科目は図工で、将来の希望は大工さんです。大工さんになりたい理由は教えてくれませんが、この希望はずっと続き、高校は工業高校に進むことになります。

顔付きが変わる

学校では、明るく活動的で、お手伝いや仕事を率先してすることが出来ます。先生には甘えて来て、手を繋いだり触ったりします。友だちとも、引っ付いて関わろうとします。

しかし、良い時と悪い時と気分によってかなり差があって、一日の内にも気分のムラがみられます。カーッとなった時には、目が据わるなど顔付きがきつくなりますが、場所を変えるとストンと落ち着きます。友だちはたくさんいるのですが、友だちはTくんがなぜ怒っているのかわからないことがあります。

例えば、大縄跳びの縄を回す役の人を決める時のことです。この役は人気で、じゃんけんになるのですが、Tくんはじゃんけんに負けてしまいました。するとTくんが怒り出したので、みんなは、Tくんが「縄を回す役」になりたかったのに、じゃんけんで負けたから怒っているのだろうと思っていました。ところがTくんは、友だちに「ほら、負けた」と言われたことに怒っていたようです。それで言い合いになるのですが、お互いに思っていることが違うので、ちょっとしたことでもトラブルが大きくなってしまいます。

きれいな字

授業中は、やや落ち着きがなく、椅子をがたがたさせたり、寝る訳ではないのに机に突っ伏したりします。勉強では、全体指導で集中が出来ず理解が難しいのですが、テストでは百点でないと落ち込みます。勉強の成果も気分で違い、例えば落ち着いている時にはきれいに字を書くのですが、不機嫌な時には字とは思えないような字を書きます。

小学二年生の三月から気分安定薬を開始して、小学三年は落ち着いてスタートしました。目立ったトラブルはなかったのですが、お母さんの話によると、参観日の日のTくんの様子――靴下と靴を履かないことが心配だったことと、授業も聞いているのが半分、聞いていないのが半分だったようで、そのことも心配のようでした。

ただ小さなトラブルはあるものの、先生の話では、三年生では二年生の時に比べて落ち着きは全然違ったようです。

多動傾向に対しては、小学四年生からＡＤＨＤ治療薬を開始しています。

遠い風景から日常へのコメント③

気分変化

Ｔくんの知能検査（ＷＩＳＣ－Ⅲ）の結果は、言語性ＩＱ96、動作性ＩＱ86、全検査ＩＱ90です（95パーセント信頼区間で数値を変更）。Ｔくんは通院してから一回のみの検査ですが、気分障害を持つ子の場合は気分によって検査成績が大きく異なることもあるので注意が必要です。日常の様子から検査結果に疑問があれば、時間をおいて再検査するのも一つの方法です。

再検査した時の結果が良くなっていたとしても、芳しくなかった時の検査が無駄な訳ではありません。後者は気分が不安定な時の「知能」を表わしている訳ですから、そこからも気分を安定させておく意味を理解出来るかと思います。

表情変化

自分の意に反することに対しては誰しも「いらつき」を感じることがあると思います。しかし自閉スペクトラム症では「こだわり」が強いので、それだけに「いらつき」の程度は普通よりも強く、衝動コントロールが難しくなります。

気分安定薬を使うかどうかの一つの目安は、その時の表情です。目が吊り上がってきつい顔になると、就学前の子どもでも大人から見ても恐く感じることがあります。ただ感情変化に比して表情変化が乏しい子もいますので、判断を表情だけに頼るのも見誤るもとになることがあるので要注意です。

Ｔくんは顔に出るので、判断はしやすい方です。

ルビを振って

「多動」は気分の問題からも生じるので、Ｔくんの場合は気分安定薬から服薬して経過を見ています。その変化を見てＡＤＨＤ治療薬を加えていますが、小学四年生にもなると勉強が難しくなるので、その頃までにはＡＤＨＤ治療薬の使用を検討したいものです。

またＴくんは読解が苦手で、学習障害の要素もあり、漢字にルビを振ってもらうという支援を受けています。耳（音）で聞いてわかるのに、漢字（表意文字）が入ると意味が頭にスッと入って来ない子には試す価値があるかも知れません。
Ｔくんはルビを振ってもらうとずいぶん楽と言っています。

コラム

「菊地信義」の手

「つつんで、ひらいて」

映画を観ました。「つつんで、ひらいて」。装幀作家・菊地信義さんの仕事を追ったドキュメンタリー映画です。菊地さんは、二十代から現在までで一万五千冊以上の本の装幀をしてきました。業界では知らない人はいません。でも一般には、「装幀家」といっても「どんな仕事をする人なの?」となります。それは後でお話致します。

コピーの文字

映画を観ましょう。

「グワシャ、グワシャ、グワシャ」

これは紙を丸める音。その紙はフツーのコピー用紙です。文字が既に乗っています。丸められて、文字は消えました。その消えた文字を、今度は紙を展《ひろ》げることによって出現させようとします。当然紙はクシャクシャになっています。先程の文字はもういません。印刷されていた文字は鋭利な刃物で切られたように傷付いています。

歪んで変形した文字、傷付いた文字。これをもう一度コピー機に掛けます。するとと新しい表情の文字が生まれてい

菊地さんの「手」

菊地さんの仕事の道具は、ハサミ、カッターナイフ、ピンセット、定規、鉛筆、糊、セロハンテープにコピー機——みなフツーのもの。

ました。その〝もの〟は別の表情でそこに存在していました。

自閉スペクトラム症の子どもがフツーの子と違っていても、それはそれでいいのです。ただその子はどこかで傷付いています。しかも原因がわからない、未来も見えない。いえ、傷付いたコピー用紙の文字が別の表情を持つ存在になったように、もう一つの表情で、その子が日常を乗り切れれば、それでいいのです。

コピーされた文字が表情を変えた時そんな思いに駆られました。「君は新しい表情を得たのだ」。「だから君はそのままでいいのだ」。

文字は菊地さんの〝手〟で、表情を変え、その表情で次の日常を生きるのですが、「子どもたち」にとっての「菊地信義」はどこにいるのでしょうか?

文字を切る

別の場面。菊地さんが白いコピー用紙を切っています。いえやはりそこには印刷された文字がありました。その文字を切り取っています。ハサミで。無骨な手。職人さんの手（ピアニストの手ではないな）。「文字って愛おしい」と言わんばかりの菊地さんの横顔。

「よーし、よーし」

その切り取られた文字はまた別の紙に貼られます。糊で、セロハンテープで。そしてまたコピーを取る。先程と同じく、同じ文字なのにその文字は生まれ変わって、全く新しい表情になっていました。

「よーし、よーし」

この言葉に添えられる菊地さんの表情。ほんとうにうれしそう。その愛おしき文字を、菊地さんは、凝視します。そしてその文字を一つ一つに切り分け、並べます。字間。文字と文字の間隔が、菊地さんの〝手〟で決められていきます。「よーし、よーし」。

考える手

この愛情は何か。菊地さんは装幀家です。装幀家とは「本の中身の文字を入れる箱を作る人」です。カバーと表紙と帯（今は〝箱〟はあまりありません）。この装幀で本に表情が生まれます。菊地さんの愛情はどこに向かっているのか？それは「紙の本」。その愛情は深く「紙の本」に注がれていました。

今、紙の本はだんだんと読まれなくなってきました。菊地さんはこの流れに抗っています。スマホで本を読むのと紙の本で本を読むのとは全然違う。紙の本を手に取れば、その紙の手触りが、まず読む人に届く。「触」感。

紙の本を読むという行為には、スマホやパソコンでは味わえない「触」という感覚が「見る」「読む」の前に立ちはだかります。これがいいのです。そこには〝手〟が在ります。考える手が。私たちは読書においても手の感性を使っているのです。「ザラザラ」「凹凸」「柔らかい」「硬い」「あたたかい」を考える手。

自閉スペクトラム症の子どもには、「五感」の中で特にこの「触」の感覚が強い子がいます。これを押し込めてしまうのではなく、育ててあげると〝彼〟は、うまく話は出来なくても人と「触」で接することが出来ます。「手当て」出来ます。

「サク、サク、サク」

菊地さんがまた紙を切っています。大きい丸みを帯びた掌。太い指。親指のアップ。爪は平たく横長。この手が一万五千冊の本を誕生させたのです。

自閉スペクトラム症の子が言いました。

「将来は大工さんになる！」

理由は？　わかりません。でもその子の決心は固いようです。

症例④　O・Z　七歳（小学校二年生）女子　自閉スペクトラム症

気分のムラ

Oさんは言葉の遅れから児童発達支援施設に通ったことがあります。幼稚園では、最初は一人でいることが多く、みんなの輪の中に入れるようになっても、いつも端の方にいました。家ではずっと喋っているのですが、幼稚園ではあまり喋らなかったようです。

小学一年生は普通学級に通いました。周りは同じ幼稚園の子がほとんどで、何人かは一緒に遊ぶことの出来る友だちもいます。しかしみんなと一緒の行動は苦手で、しんどくなると勝手にその場から離れてしまうこともあります。

自分がしたくないことや気に入らないことがあると、ほっぺたを膨らませて怒っていることをアピールして、しなければならないことをしません。気分にムラがあって、調子のいい時と悪い時の差が大きく、学習にもその影響が出ています。調子のいい時は、算数や国語の学習もすらすらこなすことが出来ますが、気分が乗らないと出来るはずの簡単な計算も出来ません。そんな時は文字もずいぶん乱れます。

こういった学習面の問題や集団行動が苦手なことをお母さんが心配し、スクールカウンセラーに紹介してもらい、小学二年生の四月の終わりに当院を受診しました。

算数が苦手

初診時は緊張しながらも年齢や学年は答えることが出来ました。学校が楽しくないと言うので、その理由を聞くと黙ってしまいました。拒否というより、上手く説明出来ずに困っている顔をしていました。友だちはJちゃんとNちゃんの二人で、一輪車で遊んでいるそうです。言葉で伝えるのは苦手ですが、一所懸命答えようとしてくれます。

　五月の終わりには、学校の様子を伝えに担任の先生と校長先生が病院にまで来てくれました。気持ちが乗らない時は全く学習に取り組めないのは続いているようです。

　算数が特に苦手で、算数の授業は気分が乗らないことが多いようです。ほっぺたを膨らませる「怒っているアピール」は続いていますが、クラスを乱す行動やパニックは見られません。

校長先生

　担任の先生と一緒に病院まで足を運んでくれた校長先生はOさんの支援に熱心で、校長室でよく勉強を教えてくれていました。時に傘を振り回すような危険行動をなかなか止《や》めなかったりすることもありましたが、校長の頑張りもあって学習面の大きな遅れは見られませんでした。

　しかし小学二年生の終わりの三月に、学校を辞めて画家になりたいと言い出しました。また日常のちょっとした言葉を気にするようになり、学習でも答が合っているかどうか心配で先に進めないようになりました。そのため抗不安薬を開始して経過をみることにしました。

薬の効果があったようで、小学三年になって、機嫌よく学校に通い始めました。

遠い風景から日常へのコメント④

規則を遵守する「こだわり」

Oさんの小学一年生の最後に施行された知能検査（ＷＩＳＣ－Ⅲ）では、言語性ＩＱ１００、動作性ＩＱ68、全検査ＩＱ83でした（90パーセント信頼区間で数値を変更）。Oさんが小学二年生を迎えたのが、特別支援教育が施行されて間もなくのこともあってか、校長先生も自ら熱心に関わってくれました。

Oさんには「規則を遵守《じゅんしゅ》する」タイプの「こだわり」があって、学校は勉強をする所ということと、学校は絶対に行かなければならない所という意識を持っていました。校長先生や担任の先生の支援、Oさん自身の特性が上手く作用して、小学三年生からは抗不安薬の力も借りながらですが、概ねいい経過を辿っていきました。

先生の転勤で支援が途切れる

ところが公立の学校は先生の転勤があります。現在も言えることですが、この転勤で、発達障害の支援を熱心にしていた学校も一変してしまうことがあります。

Oさんが小学三年生に上がる時、校長先生が転勤になりました。小学二年生の時の担任の先生は引き続き三年もOさんの担任になりましたが、その先生もOさんが小学四年生に上がる時に転勤になったのです。そこでOさんへの支援は途切れてしまいました。

小学四年生になって、Oさんはだんだんとしんどくなってきました。お母さんの目にはそれが明らかで、Oさん自身も勉強がわからないと言っていました。

しかしOさんには、「学校には絶対行かなければならない」という「こだわり」があったので、しんどくても頑張りを見せて学校に通っていました。

新しい担任の先生はOさんのしんどさに気付かず、医療との連繫の懇談を希望するお母さんの訴えに耳を傾けることはありませんでした。「Oさんには問題があるように見えません」の一点張りです。Oさんの「学校には絶対行かなければならない」という真面目さが、かえって仇になってしまいました。

学校に行くことへの「こだわり」

果たして中学進学に向けて検査した知能検査では、Oさんの結果は「軽度知的障害」の領域まで低下していました。それもあって中学は特別支援学校に進学することになりました。

こんな例があります。「学校には絶対行かなければならない」とこだわるある子が、登校途中に大けがをしてしまいました。当然まずは病院に行くべきなのに、その子は「学校に行く」と血を流しながら言うことを聞きませんでした。

このような「学校に行くこと」に強い「こだわり」を持つ自閉スペクトラム症の子に出会うことがよくあります。この子たちはしんどくても学校に行きます。ですから自閉スペクトラム症の子の場合、学校に来ているからしんどくないと判断するのは早計なのです。

症例⑤　Z・X　七歳（小学校二年生）　男子　自閉スペクトラム症　気分障害（躁うつ病）

広汎性発達障害

Zくんは、一歳半健診の時に言葉の遅れを指摘されたようですが、特別なサポートは受けていません。お母さんは、Zくんが三歳を過ぎてから、何を話しているかわかるようになったと言います。保育園ではマイペースで、トラブルはありましたが、たいていは他の子からの攻撃を受ける方です。

小学校入学後はトラブルが多く、目が合わないなどの様子から、小学一年生の夏に学校から児童相談所への相談を勧められました。それでお母さんは相談に行かれたようですが、しばらくは何の動きもありませんでした。

そうこうしているうちに二年生になり、四月にある事件が起きました。Zくんが急に走り出して自転車にぶつかり、その自転車が車に当たって車を傷付けてしまったのです。その弁償でひと悶着あって、急遽、心理検査（WISC－Ⅲ）を受けることになりました。しかし医師の診察までの待ち時間が二年と言われたため、A病院小児科発達外来を受診しました。A病院では広汎性発達障害と診断されたものの、以後の診察は予定されませんでした。

「いちびるスイッチ」

家では、部屋の中で同じところをグルグル回るし、やってはいけないことを注意しても一分後にはやっています。寝るのは二時、三時になることもよくあるようですが、朝は七時半に起きます。偏食がすごくて食べられるものを挙げた方が早いぐらいです。カレーは会社ごとで食べられたり食べられなかったりします。習い事のスイミングでは「いちびるスイッチ」が入ります。小さい子を沈めたり、ビート板を投げたりするので、結局スイミングは辞めることになりました。

二語文程度の返答

このような状態なので、どこか診てくれるところはないものかと、お母さんに連れられて小学二年生の七月に当院を受診しました。

初診時は質問に対して、二語文程度の返答です。こちらとのやり取りの間は、少し落ち着きがない様子で椅子に座っています。やり取りが終わると、診察室の壁にへばり付くようにして、同じところを行ったり来たりしています。

年間三十日の欠席

学校では、授業中に立ち歩くことはなく、学習の理解も良いようです。算数が好きで力もあり、国語は漢字が好きです。「文章題」は苦手ですが、テストの点は取れています。発表も出来るようになって来たと言います。身体を動かすのは苦手で、指示されたようにすぐに動くのは難しく、ダンスは嫌がります。休み時間は、時々友だちの中に入ることもありますが、たいていは独りで自由帳にお絵描きをしています。学校では「いちびるスイッチ」が入ることはありません。むしろやられる方が多いようです。冗談がわからずに、いらついて「カーッ」となることがあり、その時は気持ちがなかなか収まらないのですが、相手に暴力を振るうことはありません。また、風邪や熱で休むことが多く、一年生の時は年間三十日休みました。

「音」に対する嫌悪

八月の診察の時は、お母さんからは「最近は良い子」という評価です。大人しい子と遊ぶと大人しく、活発な子と遊ぶと活発とのことです。

九月の前半は中耳炎に罹るなど、熱ばかり出して学校に行けませんでした。相変わらず眠るのは遅く、お母さんは眠剤（睡眠薬）があった方がいいと思いながらも、薬に対する不安もあり、ちょっと考えたいとのことでした。

十月の受診の時は、お母さんはZくんの新たな特性のことを話してくれました。保育園の時から虫の音がうるさいと眠れなかったこと、楽器の音や歌が嫌なので音楽が嫌いなこと、みんなの声で目が回ること、家では洗濯機の音が苦手なことなどです。

またZくんの持ち物を不用意に触ると怒るようです。そして、小さい頃にクレーン現象があったのを思い出したと言います。

お母さんはこの頃には障害を受容するようになったようで、薬物療法に対する不安も少なくなりました。

遠い風景から日常へのコメント⑤

躁うつの相

小学校低学年は、発達障害の特徴は捉えやすい時期ですが、気分の問題は捉えにくい時期です。Ｚくんも小学三年生から、躁うつの相が少しわかりやすくなってきました。これは本シリーズ第三巻以降に取り扱う予定の問題ですが、以下、簡単に経過を見ておきます。

小学二年生の十月から気分安定薬と眠剤を開始し、三学期の終わりまではひとまず落ち着きました。

自傷行為

小学三年生の四月頃からは再び寝付けない日が増えて来ました。ゴールデンウィークあたりからは、家での不機嫌が増えて、五月の半ば頃からは突然泣き出して、学校を嫌がるようになりました。

また学校に行ったら頭が痛くなるとか、地獄に落ちるとか言い出すようになりました。ある時、おもちゃ売り場で、見ず知らずの小さい子どもにおもちゃを投げ付けたりすることがありました。七月半ば頃からは比較的落ち着いて過ごせるようになりましたが、九月は学校に行けない日が続きました。十月からは気分の高揚が続き、一日たりとも学校を休みたくないと言います。十一月からは、友だちが恐いといって、朝になったら登校出来ず、家の中でグルグル回っています。そして蜆《しじみ》の殻などを集めたり、自傷行為が見られたりしていました。

その後は少し落ち着きましたが、翌年の一月にやっと児童相談所の診療の順番が回って来たようです。

コラム

T小学校　その一　朝ごはん

登校

もう随分と昔のお話です。二十年ぐらい前のことです。

京都の中京区という京都の中心地にT小学校がありました。いえ、今もあります。

　この小学校の子どもたちに会うために、私もT小学校に通っていた頃のお話です。なぜ、通っていたのかと言うと、養護教諭の先生向けの専

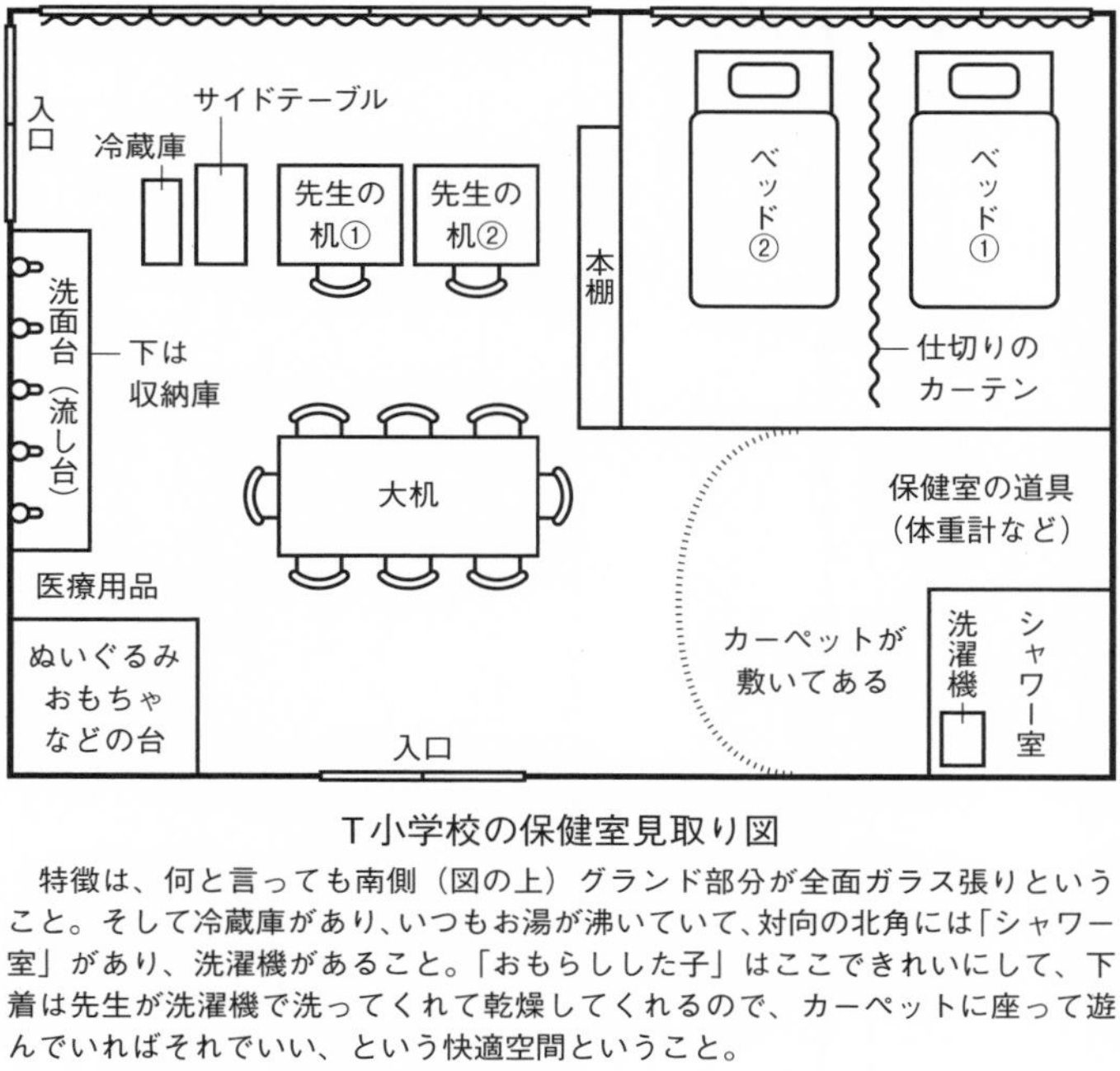

T小学校の保健室見取り図

　特徴は、何と言っても南側（図の上）グランド部分が全面ガラス張りということ。そして冷蔵庫があり、いつもお湯が沸いていて、対向の北角には「シャワー室」があり、洗濯機があること。「おもらしした子」はここできれいにして、下着は先生が洗濯機で洗ってくれて乾燥してくれるので、カーペットに座って遊んでいればそれでいい、という快適空間ということ。

門誌に「保健室〝もの〟ものがたり」という記事を連載していて、T小学校の養護教諭の先生にお世話になっていたのです。

養護教諭の白石みさこ先生は、後二年で定年というベテラン先生で、子どもたちのよきお母さんのような存在でした。

一か月に一度か二度、先生を訪ねてT小学校に通いました。子どもたちと同じ時間に私も登校するのです。

「午前中の方が子どもたちの様子がよくわかるから、朝早くにいらっしゃい。私が仕事をしていたら、適当なところに座って、子どもたちの様子を見ているといいわ」

先生の言葉に甘えて、私は、子どもたちの「朝の様子」を見せて頂きました。

カンパン

T小学校はとても素敵なモダーンな校舎です。保健室も大きくて明るくて、いつも光が注いでいました。全面ガラス張りと言ってもいいような空間なのです（でもいつでもブラインドを降ろせば、外からの視線を遮断することが出来ます）。校門を入ってすぐの所、玄関ホールの傍らに保健室はありました。それで、登校する子はみな、保健室を見て、教室に入ることになります。学校を設計する時の約束事でした。「保健室を校舎の入口に設置しよう」。おまけに保健室の南側は「校庭」なので、白石先生は放課後遊んでいる子を見ることも出来ますし、何より「ここ怪我した」と駆け込んでくる子の処置がすぐに出来ます。そうそう、ここには入口が二つありました。廊下側の入口と校庭から直接、入れる出入口。夏などはどちらのドアも開け放たれていて街中なのに、いい風が通ります。

「おはよう！」先生が目の合った子に声を掛けます。

「おはようございます！」みなとても元気がいいです。

「あっ、Kくん、入って」

教室に一目散にかけて行こうとしていたKくんを、先生引き止めます。Kくん急ブレーキ掛けて、保健室に入って来ました。するとどうでしょう、先生は何も言わないのに、Kくんは保健室にしつらえられた長い「洗面台」（流し）の下の収納庫から「缶詰」を取り出し、冷蔵庫から牛乳パックを出してコップにそれを注いで、缶詰をパカッとあけて「パリパリ」と音を立てて食べて、牛乳を流し込むように飲んで、「ごちそうさま」と、急いで教室に走って行きました。

「喉詰めないのかしら」

「大丈夫、あの子の食べ方よ」

「あの缶詰は？」

「乾パン、カンパン」

先生はいつも非常食の乾パンを切らさずに収納庫に入れています。

「美味しいわよ、味見してみる？」

「ええ」

それはとてもとても美味しいものでした。ついでにと紅茶も頂いて大満足。

「パンの缶詰もあるのよ。もっとご馳走もあるわよ。便利でしょう。でも一番人気がこの乾パン、ちょこっと早くに食べれるでしょ。急ぎの朝ごはんには最適」

「朝ごはん？」

「そう朝ごはん」

Kくんのお家は共働きで、お母さんの出勤も早いので、時々朝ごはん抜きになるので、先生、Kくんの顔を見て、食べていない日は声を掛けるのです。

三年生

「よくわかりますね」

「三年も付き合っていたらわかるわよ」

Kくんは三年生。食べ盛りです。

「特に朝食は大切なの。まず目覚めるためにも、〝食べる〟ことが大事。食べると身体があたたまるでしょ、すると目が覚めてくる」

朝食を食べて身体があたたかくなるとこころもあたたかくなって、じっくり授業が受けられるという。なるほど。

ただ、ちょっと心配だったのは、私が訪問する〝朝〟は、いつもKくんに会ったこと。

「いいのよ。相変わらず乾パンだけれど、楽しみにしてくれているから」

Kくんは小学一年生の時、落ち着きのない、よく「キレる」子でした。それが保健室に来るようになって収まったそうです。

「朝食の効果よ」

いえ、白石先生の愛情の効果です。

症例⑥ N・L 七歳（小学校二年生） 男子 自閉スペクトラム症 知的障害 てんかん

てんかん

Nくんは乳幼児健診では異常はありませんでした。しかし、小さい頃より癇《かん》が強くて、お母さんは育てにくさを感じていました。

幼稚園では、人よりワンテンポ遅れて行動し、ルールのある遊びは苦手でした。年長の時に今住んでいる家に引っ越して来たのですが、こちらに来てから問題行動が目立つようになりました。思いが通らない時や、怒られると思っていない時に怒られると、パニックになって奇声を上げてよだれを垂らします。また年少の七月には、けいれん発作が起こり、てんかんと診断されました。翌年二月から抗てんかん薬を服用しています。

交流学級

小学一年生より特別支援学級に在籍しています。てんかんは他院に通院していましたが、小学二年生になってもパニックが激しかったので、教育相談で勧められて、小学二年生の二月に当院を受診されました。

初診時は、「こんにちは」と挨拶をして診察室に入室し、質問にも短い言葉ですが答えてくれました。

学校では、国語と算数は支援学級で勉強し、体育、音楽と生活は交流学級（注1）で勉強しています。大勢の前に出る時はとても緊張して、声を出すことも出来ないくらいです。一方、気を許せる相手には横柄《おうへい》な口の利き方をしたり、「抱っこして」などと甘えたりもします。

交流学級では、周りの子の様子をとても気にしていて、みんなと一緒に行動しようと頑張ります。支援学級では、比較的自由に行動し、ロッカーの上に上ったりします。パンツを下ろして注意を引こうとしたり、いたずらをしたりして喜んでいます。しかし、自分より年下の子には、お兄ちゃんらしくして逸脱行動はしません。また、自分の思い通りにならない時は、仰向けに寝転がったりします。目的や時間に対する意識は低くて、課題をやり遂げることが出来ません。特に週の初めや朝は落ち着かず、学習に取り組むことは難しいです。

「あ」が苦手

学習面では、小学二年生の十一月頃より、国語でひらがながやっと見て書けるようになってきました。しかし、初診時の二月頃でも、「あ」などの曲線の入っている文字は書くのが苦手です。読みはゆっくりだと出来るようになってきました。漢字は二学期はなぞり書きしか出来ませんでしたが、三学期になると「手本」を見て書けるようになりました。ただし、漢字の意味は頭には入っていません。

算数は、十一月頃には何とか「8」までは認識出来るようになり、二月頃には、やっと「1」から「10」までの数が認識出来るようになりました。そして答が「10」までの足し算・引き算は指を使って出来るようになりました。もちろん、文字が読めないので「文章題」は出来ません。聞いて覚えることは比較的出来るので、先生は九九を覚えさせようとしました。Ｎくんは、一の段は口ずさめるようになりました。

ルールの理解

音楽は交流学級で学習していますが、歌うことは好きで、歌詞を覚えて歌うことは出来ています。体育も交流学級での学習です。小学一年生の時は、ルールが理解出来ずに、なかなか参加出来ませんでしたが、二年生になって、マラソンやかけっこなどルールを理解して参加出来るようになりました。

家では、弟のおちんちんをくわえたりして注意されるのですが、注意されたことを何度も繰り返してしまいます。

性的な興味

小学三年生でも、国語と算数は支援学級で勉強して、社会・体育・音楽は交流学級で勉強しています。やはり交流学級では大人しいのですが、支援学級では落ち着きがありません。五月の受診では、お父さんが投薬での治療を希望され、ＡＤＨＤ治療薬を開始しました。服薬後も、家では落ち着かなかったり落ち着いたりで、薬の効果が判然としませんでした。薬を継続するかどうかで、学校での様子を先生に尋ねたところ、ノートが写せるようになった、大勢の中にも入れるようになったということで、投薬は継続することになりました。

徐々に落ち着きも見られるようになってきましたが、小学四年生からは性的な興味が問題になってきました。女の子に抱き付いたり、支援学級の下の子におちんちんをくわえさせたりすることがありました。人の嫌がることをすることも増えてきました。

遠い風景から日常へのコメント⑥

バルプロ酸

Nくんは他院小児科にて、てんかん治療中で、小学四年生の時も薬物調整中でした。精神科的にはもう少し気分を安定させたいのですが、気分安定薬であるバルプロ酸（注2）は抗てんかん薬でもあるため、てんかん治療に影響があるので、Nくんの場合は控えています。気分安定薬は他にリチウム（注3）などの選択肢があるのですが、やはり比較的安全に使えるバルプロ酸を使いたいところです。

躁状態

Nくんはロッカーの上に上ったりして落ち着かないところがありましたので、先にＡＤＨＤ治療薬を使用しています。気分の問題もあるので、あまり効果がないように見えますが、視覚的に〝もの〟を捉える力や授業の取り組みには効果があったように思います。

高学年になって来ると、性的な興味が増してくることは普通のことでもあるのですが、それが過剰な場合は「躁状態」の可能性も考えなければなりません。

学校の先生からの聞き取りも必要なのですが、事情があって転院されたため叶いませんでした。今後の経過が気になるところです。

注1　交流学級　特別支援学級に在籍しながら、教科によっては、普通学級で学習する。「朝の会」「帰りの会」も普通学級で過ごす。つまり特別支援学級に入った子どもは支援学級と普通学級の両方に居場所を持つことになる。各々の担任も互いに交流し、その子への支援に当たる。普通学級で、ある教科、例えば理科が上手く学習出来たとすれば、他の教科も増やすなど、普通学級で過ごす時間を長くとる。また普通学級の「友だち」の存在が支援に繋がる。多くの友だちと一緒に活動することで、「聞き取る力」のアップが図れる。

注2　バルプロ酸　バルプロ酸ナトリウム。商品名、デパケン、バレリン。てんかん治療薬。躁状態の治療にも用いる。
注3　リチウム　炭酸リチウム。商品名、リーマス。躁状態の治療薬。中枢神経に作用して、気分の変動を抑える。

コラム

T小学校　その二　クロネコクロ

保健室登校

或る日、一人の男の子が保健室に入って来ました。

「授業、始まるよ」、と私。

男の子は黙っています。先生もその子の方を振り向くでもなく、自分の仕事をしています。

その子は、収納庫から乾パンの缶詰を出して器用に自分で紅茶を入れてのんびりと、「朝ごはん」？　を食べ始めました。食べ終わると、布製のランドセルをカーペットに下ろし、先生の机に向かってゆきました。

先生のパソコン用の右側の机に座り、本棚から漫画を取り出して読み始めました。

「教室に行かなくていいの」

「保健室登校なの。ね、Mくん。ここがいいのよね」

「教室が嫌い？　お友だちにいじめられた、とか」

「別に理由はないの。〝ここ〟が居心地いいの、それだけね」

私と先生が話してる間も、その子は漫画に夢中。一言も喋りません。

「一人が好きなんでしょうか」

「うんっ？　一人じゃないわよ」

その男の子の腕の中にはクロネコがいました。くたくたのぬいぐるみのクロネコです。保健室に入って来るなり、その子は入口にいたクロネコを素早く抱いたのです。

「全然気が付きませんでした」

「そのクロネコのぬいぐるみは一番人気で、みんなが抱くからヨレヨレになっているの。うちの人気アイドルよ」

「名前は？」

「ないの」

不思議です。そんなに親しまれているなら、せめて「クロちゃん」とか、名前で呼びそうなものなのに。

「もうシニアの猫よ。Mくんより先輩よね、Mくん」

Mくんがこちらを向きました。

「僕はクロと呼んでいる」

Mくんは、ちょっと得意気な顔。

「そう、知らなかった。それじゃあみんなそれぞれ自分でその子に名前を付けているかもしれないわね」

素敵な両親とお兄ちゃん

先生に後で聞いたところによると、Mくんのお家はお寺で、お父さんもお母さんも元教師で、お父さんは今は大学で教えているとのことでした。両親ともにPTAの活動にとても熱心で、お母さんは音楽（ピアノと歌）の、お父さんは「御伽草子《おとぎぞうし》」という現在の漫画のような絵巻・絵本の研究者です。その知識を生かして時々ここで特別授業をしたりと、子どものために地域のために頑張っている方とのことでした。

Mくんにはお兄ちゃんがいます。四つ年上なので、今二年生のMくんとお兄ちゃんはおなじここ、T小学校に通っています。

でもこの三月には、お兄ちゃんは卒業します。

「お兄ちゃんと一緒に登校しているのですか」

「別々よ。お兄ちゃんは早くに来るわ」

「そう、お兄ちゃんとの間に何かあるのでしょうか？」

「いえ、とても仲のいい兄弟よ」

実はMくんのお兄ちゃんも小学四年生の時保健室登校になったのですが、一か月そこそこで教室に戻れたということです。もちろんお兄ちゃんもクロネコを抱いて育ちました。

「このクロネコはたくさんの子どもたちを見て来たのですね」
「もう五年はいるわよ。私が四年前に来た時すでにいたものね」

あれから二十年

Mくんのその後ですが、保健室登校は卒業まで続きました。それでも全く教室に行かないということではなく、時々教室にも行きました。特に給食の時間です。T小学校は給食器に陶器を用いていました。それでとても重いのです。力自慢のMくんは給食当番の日には必ずその務めを果たしました。

そして中学、高校、大学は比較的緩やかなところに行き、今はお寺を継ぐために副住職として頑張っています。さらに「民生委員」をしています。国に認められた公務員です。民生委員の高齢化が問題になる中、若いMくんは頼もしい存在です。元々責任感の強いMくんでしたから、今はお父さん同様地域のために尽くしています。

お兄ちゃんとも仲はいいのですが、お兄ちゃんがお寺を継ぐのをためらっていたので次男のMくんが継ぐことになったのです。

クロネコクロ

ところであのくたくたのクロネコのぬいぐるみはどうなったのでしょうか。それはもうわからないのです。あの二年後、白石先生は、定年退職で、海の見える故郷でお母さんと暮らすために、京都を離れてしまいました。

「老いた母をみとることが私の次の仕事」。

T小学校に行ったら、あのクロネコまだいたりして。そんなことは、ないか。

あの時、クロネコを抱いて

「クロネコクロ」とイーヨー

イーヨーはくまのプーさんのお友だち。なんだか情けない顔。人気の理由はそこにある？　くたくたになった「クロネコクロ」は自力では立てないので、いつも「抱っこ」をおねだり。

いたMくんに、「私にも、抱かせてくれる?」と、言ったら、とっても大事そうにそおっと私の腕の中に「クロネコクロ」を置いてくれました。

その代わりにMくんはロバのイーヨーのいる所へ走って行って、イーヨーと遊んでいました。白石先生が言うには、イーヨーは二番人気だそうです。もう昔の話です。

症例⑦ S・O 八歳(小学校二年生) 男子 自閉スペクトラム症 ADHD

授業中の離席

Sくんは一歳から保育園に通園していて、活発でみんなと遊ぶことは出来ましたが、ちょっとしたことでトラブルになっていたようです。

小学一年生の時は、座席で足をもぞもぞ動かすなどして落ち着きは見られませんでした。最初は我慢していたようで、立ち歩きはなかったのですが、他のクラスの子が授業中に立ち歩くのを見てから、Ｓくんも授業中に立ち歩くようになりした。また友だちが冗談で軽くＳくんを叩いたところ、「叩いた」と大騒ぎして相手の子を思いきり蹴ったことがあります。

学習面では算数では計算は出来るけれど、「文章題」は苦手です。文字はマスの中に書くことが難しく、漢字も丁寧に書けません。授業中の離席は続いていました。小学二年生になっても同じような状態であったため、学校の勧めで、小学二年生の九月に当院を受診しました。

姿勢の乱れ

初診時の診察室では、立ち歩くことはありませんでしたが、ズボンのポケットに手を突っ込み、身体をもぞもぞ動かし落ち着きがありません。質問に対しては、年齢は「八」などと短く答えるか、「わからん」と話を切るような答え方が目立ちます。

心理検査（ＷＩＳＣ－Ⅲ）には真面目に取り組んではいるのですが、集中が長く続かないようです。検査者の話し掛けや課題に応じて一応注意を向けるのですが、すぐに飽きてしまって注意が逸《そ》れてしまい、検査の教示を最後まで聞いていられないことが目立ちます。また回答の際も、あきらめが早く、「わからない」と言って作業を中断することがあります。姿勢の乱れも顕著で落ち着きません。各検査の合間には席を立って、窓の外を何度も見たり、棚にあるぬいぐるみを出して来たりします。

学校では、調子のいい日なら三時間目までは何とか席に着いていますが、それ以外は一時間目から離席がみられます。しかし、参観日にお母さんが見に来ると、人が変わったようにお利口さんになります。その時は、ノートをしっかり取り、先生の話にもよく耳を傾けます。

服薬、副作用が心配

友だちとは、ちょっとしたことでSくんがひどく怒るので、一緒に遊ぶことを嫌がる子が多いようです。喧嘩した相手には、一日中しつこく何かにつけて突っ掛かりますが、最近は、相手が謝ると、少しは許すようになりました。こんなSくんですが、中には上手に付き合ってくれる子がいるので、クラスで孤立するところまでにはなっていません。

二回目の十月の診察はお母さんのみの来院でした。診断名とＡＤＨＤ治療薬の話を伝えました。学校ではうろうろしていることを聞いているけど、家では特に気になることはないとのことでした。

三回目の十一月の診察もお母さん一人の来院です。Sくん自身は通院を嫌がっているようです。お母さんは受診してくれますが、障害の受け入れには抵抗があるようで、薬を使うことも良く思っていません。しかし十二月の受診では、「副作用が心配だけど、薬を試してみようと思う」と言って下さいました。

薬をもらって帰ったものの、やはり副作用が心配で、一週間は飲ませなかったようです。服薬後は、四時間目まで着席出来、今まで嫌がっていた「お直し」も出来るし、「写し」も出来るようになりました。体操服の片付けも出来るようになり、今まで出来なかったことが出来るようになりました。

「薬を飲まない日」

Sくんはなかなか受診出来ませんが、お母さんの方は副作用に対する不安が薄れ、服薬は続けられていました。小学三年生になって六時間の授業でも座っていられるようになりました。そして、小学三年生の六月までは定期的に月に一回受診してくれていましたが、その次の受診は十月の終わり頃でした。

夏休みは服薬をせず過ごしていたようで、また夏休み明けも薬を飲まなかったので、ちょっかいを出すことが多く、トラブルが増えたようです。顔付きも薬を飲んでいる方が穏やかだったと言います。そこで薬を再開し、再び穏やかに過ごせるようになりました。

しかし、冬休みにお祖母ちゃんのところで過ごしたことがあって、お祖母ちゃんから「病気じゃないので、薬は飲まなくていい」と言われて、薬を飲まない日が出て来ました。薬を飲まない日は、ザワザワしているのが嫌で教室にいるのが嫌と言います。

「俺、薬なしで頑張る」

小学三年生の三月からは比較的きちんと薬を飲み出して、小学四年生も無事に迎えました。相変わらずSくん自身の受診はありませんでしたが、小学四年生になっても薬はきちんと飲んでいました。

しかし、二学期からは朝も起きにくく、学校でのトラブルも少し増えて来ました。そして十一月の受診の時のお母さんの話では、二学期から薬をあまり飲まなくなって、「俺、薬なしで頑張る」と言ってからは全く飲まなくなったとのことでした。

その後、お母さんの受診は続きましたが、トラブルの報告はあまりされませんでした。小学五年生になって、お母さんの言葉の端々からは、何かにつけて被害的に受け取るSくんの様子が窺えました。

小学六年生の十二月には、妹に対して攻撃的になり、「殺す」と言って怒っていたことを話されました。そして今度は本人も連れて受診したいとのことでしたが、それから受診されることはありませんでした。

遠い風景から日常へのコメント⑦

お母さんの葛藤

Sくんの事例は、お母さんの長年の障害受容の葛藤を感じるものでした。

Sくんは、小学一年生から問題行動が明らかだったため、たびたび医療機関の受診を勧められていました。服薬を開始してから、一度だけ薬の説明を求めて来院したお父さんからは、積極的に受診を支持しているとは感じられませんでした。

また祖母も服薬に否定的だったところからみると、受診が小学二年生になってからなのも仕方なく感じます。お母さん自身も薬物療法には抵抗があり、ずいぶん悩まれたと推測します。そんな中ですから、Sくん自身も服薬に罪悪感を持っても不思議ではありません。

薬物療法の中断

特に高学年からは、服薬によって障害を持っていることを意識させられることもあり、服薬を嫌がる子が出て来ます。こうなると親がしっかりした意思を持っていないと、服薬の継続が難しくなります。Sくんのお母さんは、薬の効果を感じつつも、どこか薬に対して拒否的なところがありましたから、結局のところ薬物療法は中断せざるを得なくなりました。

小学一年生から服薬していたら

Sくんが服用していたADHD治療薬はストラテラですが、副作用もなく効果も少量からはっきりと出ていました。もし小学一年生から服薬して、きちんと支援を受けていれば、もっと楽しい小学生時代を送れたと思うと残念でなりません。

症例⑧　B・L　八歳（小学校二年生）女子　自閉スペクトラム症　不安障害

「面倒くさい」

Bさんは言葉の遅れもなく、乳幼児健診でも問題になることはありませんでした。しかし、幼稚園では一切喋りません。それでも友だちは「Bちゃん、Bちゃん」と寄って来てくれます。

最初は行事には参加しませんでしたが、徐々に参加するようになって来ています。家では普通に喋り、むしろ言動は少し乱暴なくらいです。「面倒くさい」と言うのが口癖ですが、幼稚園に行きたくないということはありませんでした。

喋らない

小学校入学後も、学校では喋りませんし、最初の二週間は教室にも入れませんでした。それで五月からはことばの教室に通うことになりました。八月までは月に一回のペースで、九月からは週一回です。

最初はお母さんと一緒でしたが、お母さんと離れても指導員と言葉を介したコミュニケーションが少し出来るようになって来ました。そこで三学期に入った一月には知能検査も出来るようになりました。言葉での回答を求められるものでは、ものすごく緊張していたようですが、二回に分けて何とか検査を終えることが出来ています。

しかし、検査後の二月からは、お母さんの体調不良などが理由で、ことばの教室での相談・指導は中断していました。小学二年生の十月に、お母さんの体調が安定したことで、ことばの教室での相談が再開し、お母さんはそこでやっと検査結果を聞くことが出来ました。

学校では相変わらず喋らなかったので、医療機関とも連繋を取りたいということで、小学二年生の二月に当院を受診しました。

「二歳」

初診時は始終笑顔で座っています。「何歳?」と尋ねると、お母さんの耳元で、小声で「二歳」と答えました。「何年生?」と聞くと、先ほどの間違いに気付いたのか、何も答えませんでした。このように単語レベルでお母さんの耳元で囁くことが時折みられました。

お母さんによると、Bさん自身は学校でも喋りたいとのことです。ただ、例えば「遊ぼう」と話し掛けて、断られたらどうしようと思うと喋れないようです。また、家では普通は「そんなことでは怒らないだろう」ということでも怒るので困っていると言います。

先生によると、二年生になって一年生の時よりだいぶ緊張がほぐれて来たと言います。友だち同士では、こそこそと小声で話すこともあるようです。先生は意図的に、Bさんを引っ張ってくれる子を身近に置いていると言います。

授業はしっかり聞いていて学習能力は高いのですが、体育と音楽は苦手です。絵もなかなか描けなかったのですが、「これを真似して描いてごらん」と見本を見せるようにしてからは描けるようになったと言います。また、先生からどう見られているかをひどく気にするようです。

抗不安薬の服薬と中断

三月からは抗不安薬を服薬してもらいました。三月末の診察の時には、喋ることはありませんでしたが、表情は明るくなっていました。街で知らないおばさんに声を掛けられてもそれに応えていたとのことで、これまでには見られない光景だったようです。

小学三年生の四月は一日だけ、行きたくないということがありましたが、お母さんが集団登校の集合場所まで送ると行くことが出来ました。相変わらず学校では喋りませんが、近所の人には「こんにちは」と挨拶が出来るようになりました。薬を飲んだら「喋ろうかな」という気持ちになると言っているようですが、薬はなくても大丈夫とも言っているようです。六月からは薬を飲みたがらず、服薬を中断していました。次第に学校に行き辛い日が出て来て、学校を休む日が目立って来ました。

服薬再開と服薬中止

夏休みの終わり頃から薬を飲み始めて、九月からは再びスムーズに登校出来るようになりました。体育は苦手なのですが、運動会の練習も頑張っています。十一月の音楽会は、小声ながら歌うことが出来たので、少し自分に自信が持てたようです。

翌年一月の診察では、「元気です」、「さようなら」など言葉を発してくれました。

小学四年生になっても調子よく学校に通うことが出来ています。学校では友だち同士では小声で喋り、特定の先生とは小声で必要なことを伝えることが出来るようになりました。夏休みからは薬を飲まなくなりましたが、九月からも時に登校しづらいことはありますが、学校へは楽しく通っています。「声を聞かれたら、プライバシーの侵害や」と先生に小声で話していたようです。

自己紹介

小学五年生になって、自己紹介をすることになったのですが、先生に小声で話して先生に伝えてもらうことで、みんなの前にも立てました。診察の時も、短い言葉ですが返してくれるようになりました。その後も服薬なしで、小学校を終えました。

遠い風景から日常へのコメント⑧

選択性緘黙

いわゆる場面緘黙《かんもく》は、ＤＳＭ－５では選択性緘黙（selective mutism）と訳され、不安症のグループに入っています。選択性緘黙は「他の状況で話しているにもかかわらず、話すことが期待されている特定の社会状況（例：学校）において、話すことが一貫して出来ないこと」とあります。そして「その障害は、コミュニケーション症（例：小児期発症流暢症）ではうまく説明されず、また自閉スペクトラム症、統合失調症、または他の精神病性障害の経過中にのみ起こるものではない」とあります。したがってBさんは自閉スペクトラム症（当時の診断ではアスペルガー障害）ですので、選択性緘黙には当てはまりません。

言語性IQ

当院を受診する緘黙の例では、すべて自閉スペクトラム症が背景にあるので、診断上は選択性緘黙ではないのですが、便宜上は場面緘黙という言葉で状態像をご両親などに説明することがあります。

Bさんのお母さんは、テレビで「場面緘黙」を扱った番組を見たそうですが、Bさんとはちょっと違うと言っていました。

Bさんの知能検査（WISC－Ⅲ）の結果は、言語性IQ95、動作性IQ115、全検査IQ105でした（90パーセント信頼区間で数値を変更）。当時は学校の先生が知能検査を行うと、検査の教示を少し「わかりやすく」してしまうことがあり、検査結果が高めに出ることがありました。言語性ＩＱに関してはこのような教示の問題や、Ｂさんの持っている不安の問題の影響も考える必要があり、慎重に判断しなければならないところです。

また、支援は緘黙の問題だけに捉われないように気を付けておく必要があることは言うまでもありません。

コラム

山の民と海の民の「交換」

「狩猟で暮らした我らが先祖」

この日本の、遠い昔のお話です。

「狩猟（漁撈）で暮らした我らが先祖」のお話です。

その昔、山にいた者は、動物を生け捕りにし、木の実や草花を採取して、生きるために毎日「食べ物」を求めました。

海辺で暮らす者は、魚を撈《と》り、海藻や貝を拾い集め、それを食べて明日へと命を繋ぎました。

しかしある年、狩猟が上手くいきませんでした。また木も草も枯れるということがありました。またある年は、不漁で魚が全く撈れませんでした。貝や藻も元気がありませんでした。

山が豊穣の時は、海が元気がなかったり、大漁の年は山の動物が育っていなかったりと、自然は非情です。気候は気ままです。

三年、三年

山に住む「山の民」と海辺に住む「海の民」は互いに考えました。「そうだ、山の民も海の民も、みな平等がいい」。それでこういうことに致しました。「三年、三年。山の民が三年山で暮らしたら、海辺に移動しよう。海の民が三年海辺で生活したら、今度は山に登ろう」
つまり「山の民」と「海の民」は「土地」を三年ごとに交換しようというこ

とにしたのです。それで、お互いの「利益」も「不利益」も半分、半分にしてバランスを取ることにしたのです。

これは、御伽話ではありません。本当にその昔行われていたことなのです。

「狩猟で暮らした我らが先祖」の智恵です。

もちろん、この話を証明する「遺跡」がある訳ではありません。「貝塚」に動物の骨が混じっていたからといって、それで山の民と海の民の交流を言うことは早計です。ただ宗教民俗学者の五来重《ごらいしげる》氏は、能登半島の民俗を調べていて、偶然にその「交換」を知ることになるのです。半島の山側に住む民と海辺の民が三年ごとに移動を繰り返していたというのです。

五來氏の説を裏付けるものとして、私たちは「海幸彦・山幸彦」の「神話」を持っています。兄の海幸彦は弟の山幸彦とお互いの職掌《しょくしょう》の道具を「交換しよう」と言います。兄は「釣り針」を弟に渡します。もちろんこの「交換」は失敗するのですが、「海幸・山幸」のお話は海の民と山の民の間で「交換」という行為があったことを物語っています。「交換」という行為はとても呪的な行為です。「交換」によって〝もの〟は成長します。「わらしべ長者」のお話は

「交換」が呪的行為であることを教えてくれます。そしてこれはのちに「交易」という行為へと発展します。交易は、そこに「富」をもたらします。

山の民と海の民の「交換」にも、この呪的なものが働いて、うまくいったのです。

「富」はもたらせられたのです。

「海幸・山幸」の悲劇

ではなぜ「海幸・山幸」のお話は兄弟が仲違《なかたが》いするという、悲劇に終わるのでしょうか。

「我らが先祖」ではうまくいっ

弟・山幸彦、兄・海幸彦の釣り針を失う

山幸彦（彦《ひこ》火《ほ》々《ほ》出《で》見尊《みのみこと》）は、慣れない漁で、兄と交換した「釣り針」を鯛に飲まれてしまう。『彦火々出見尊絵巻』模本六巻本。万治二年。明通寺蔵。

ていたのに。

おそらく、権力者が現われ、定住を強要したのでしょう。それで海の民と山の民の分離が始まったのでしょう。

もう一度、「我らが先祖」の時代に戻れないものでしょうか。せめて「交易」でお互いの富を分かち合うということは出来ないものでしょうか。

「ゆるす」、ということ

「我らが先祖」の昔に戻れば、必ずや、みな「こころ」豊かになるはずです。「こころ」が豊かになるということは、「赦《ゆる》す」ということが出来ることです。「赦す」という行為は相手を認め自分の立場をわきまえることが出来るということです。

人は誰でも怒りの感情を持っていて、時にそれを「相手」にぶつけてしまいます。海幸彦は山幸彦の過ち（釣り針をなくしたこと）を赦しません。ここに悲劇が生まれます。兄が弟を思い、弟が兄を思えば、釣り針紛失騒動など、大したことではなかったのです。海に慣れている兄は、その智恵でもって弟とともに釣り針を探せばいいのです。なくした釣り針は、鯛が飲み込んでいましたが二人力を合わせれば、きっと乙姫様の手を煩わせずに、釣り針は戻ってきたことでしょう。

我らが先祖の「土地の交換」という優しいお話には、原「海幸・山幸」神話が隠されているような気がするのです。遠い昔、我らは「幸福」も「不幸」も分かち合ったのです。そんな美しいこころの時代を取り戻したいですね。

症例⑨ Z・I 八歳（小学校二年生） 女子 自閉スペクトラム症

補助の先生

Zさんは、お母さんによると、乳幼児健診では問題を指摘されることなく、幼稚園では行き渋りもなく、友だちとも遊べていたと言います。家では問題なく、弟と妹の面倒見も良く、やりやすい子だったとのことです。

お母さんは何も問題を感じてないようでしたが、小学一年生の時は補助の先生が付いていて、学校から勧められたとのことで、小学二年生の八月に当院を受診しました。

お母さんの不満

初診時は少しだけ緊張して、質問には答えても二語文はみられず、頷きで答えたり、言葉に窮したりしていました。知能検査（ＷＩＳＣ－Ⅲ）では、言語性ＩＱ70、動作性ＩＱ１０８、全検査ＩＱ87でした（90パーセント信頼区間で数値を変更）。

学校が受診を勧めたのは、動作を始めるまでに時間が掛かることが一番の気掛かりだったようです。そして早くするように促すと、Ｚさんは「いじめられた」と感じてしまいます。また、計算がはかどらないなど、出来ないことがあると泣き出してしまいます。友だちはいるようですが、多くはありません。

十月にはお母さんが一人で受診されました。「補助の先生に付いてもらえないこと」への不満の話でした。「補助の先生に付いてもらえない」のなら、受診した意味がないと言い、そこで通院が途切れてしまいました。

お腹が痛い

Zさんがお母さんと次に受診されたのは、一年経った小学三年生の十二月です。受診したのに「補助の先生が付いてくれなかったこと」の不満に加え、お母さん自身が忙しくて時間が取れなかったことが、しばらく通院が遠のいていた原因のようです。

この時はZさんは一年前より、よく喋ってくれました。冬休みの過ごし方を尋ねると「学校の勉強をしている」とか、体調面では「家で遊んでいたらお腹が痛い。うつ伏せになったりしたら」などと答えてくれました。

お母さんの方も、一年前より家のことを話してくれます。家では物事の取り掛かりに気分の波が見られると言います、やる時はさっさとやるのですが、昨日やったことを今日はやらないといった具合です。また、お母さんが怒ると、ボーッとしてしまうらしいのです。お母さんはどうしていいか戸惑っています。

先生の話では、好きな体育では明るい表情をしているものの、苦手な国語では表情がこわばっているようです。

抗うつ薬の処方

一月の診察では、お母さんが強く怒るのを止めたら落ち着いてきたとのことです。前の診察の時に、お母さんが強く怒るとパニックになることを指摘していたので、お母さんは強く怒らないように気を付けていたようです。また、Zさんは人の顔色を見たり、隣の子がどう書いているのかを見たりして行動することが多いと言います。

お母さんや学校の先生の話からすると、Zさんには気分変動がみられ、出来ないことに対して過度に不安を覚えることが窺えるので、抗うつ薬を少量処方しました。本人には、苦手な勉強がしやすくなると説明しました。

二月の診察では、薬を飲んで「普通の声やったら聞きやすい。勉強しやすい」とZさん自ら話してくれました。

小学四年生の一学期も順調に過ごしたので、夏休みを機にお母さんが休薬を希望されました。

お母さんの抵抗

八月末の診察の時の声は小声で、お母さんからも、薬を飲んでいる方がやる気が出るみたいという話だったので、薬を再開しました。

ところが、九月末の診察で、担任の先生が「薬を飲んでも変わらない」と言っているとのことで、再び服薬をしなくなりました。

服薬をしなくなってからのZさんの学校での様子は、一斉授業ではやはり取り掛かるのが難しいとのことです。友だちの話の意図がわからず、提案に対しては「きつく言われた」と取ったり、友だちの誘いに対しても、「いらん」ときつく言ったりします。服薬をしている方が、授業での取り掛かりも良く、友だちへの関わりも穏やかと、先生は感じていました。

服薬に対して抵抗があったのはお母さんの方でした。

遠い風景から日常へのコメント⑨

お母さんも自閉スペクトラム症

お母さんにも自閉スペクトラム症の特性がみられました。それで子どもの問題に気付きにくい面もありましたが、Zさんの知能検査のプロフィールから見ると、家庭ではそんなに困っていないと思われました。しかしお母さんは言葉では説明されませんでしたが、Ｚさんの学習面に問題を感じておられ、それで「補助の先生」を希望されての受診だったようです。

別室での指導

学校としてはＺさん一人に一人の先生を補助に付ける人員の余裕はなく、苦手科目の別室での取り出し指導を提案されました。お母さんは、補助の先生を付けるという考えから切り替えることが出来ずに、学校への不満を強く持っていました。しかし小学三年生からは、苦手科目の別室での指導でＺさんが落ち着いて勉強に取り組んでいるのを見て、お母さんの方も少し余裕が出て来たようです。

お母さんの服薬拒否

薬物療法に関しては、お母さんも一旦了承し、Ｚさん自身も服薬して楽になったと自らも言い、また先生も授業の取り組みで服薬の効果を感じていたにもかかわらず、服薬を継続することが出来ませんでした。

お母さんは、担任の先生の「薬を飲んでも変わらない」という言葉を理由に処方を断られたのですが、先生はそのようなことはおっしゃっていないので、お母さん自身の服薬に対する拒否であったと考えられます。

お母さんの「こだわり」がなければ、学校の支援と薬物療法はもう少し効率的に機能したと考えられ、Zさんの発達にとってはもったいない限りです。

小学校三年生

症例①　Z・J　八歳（小学校三年生）　男子　自閉スペクトラム症

学力の問題

Zくんは教育大学付属小学校に通う三年生です。家は自営業で後継ぎとして期待がかかっています。

Zくんが、周りの子に比べて学力が劣ることをお母さんは気付いており、小学一年生の時からお母さんが付きっきりで勉強を教えていました。それでも皆に付いて行くのがだんだん難しくなってきました。

当の本人はあまり気にすることはなかったのですが、お母さんは焦る一方です。塾にも通わせて自分でも一所懸命教えているにもかかわらず、どんどん皆に遅れをとっていくので、何か手立てはないものかとスクールカウンセラーに相談しました。

そこで病院で相談してみるのも何かの手掛かりになるかも知れないと受診を勧められ、小学三年生の六月の中頃に当院を受診しました。

「勉強はまあまあ好き」

初めての診察でも緊張することなく受け答えが出来ました。学校では仲の良い子は八人いて、ドッヂボールをして遊んでいると言います。「勉強はまあまあ好き」と言い、好きな科目は理科と体育です。嫌いな科目は国語で、「漢字はいいけど読むのが嫌い」とのことです。将来の夢は、格好いいパイロットです。

歩き始めや話し始めは特に問題なく、乳幼児健診でも問題はありませんでした。三歳から幼稚園に通いましたが、いつも先生の後ろに隠れているような子で、あまり活発ではなかったようです。

頭をガンガン叩く

受診当初からお母さんの関心は専ら勉強のことです。とりわけ国語が気になります。まず読もうとしないし、読んだことが頭に入りません。読解力もありません。お母さんが教えている時でも、ふーっと意識がどこかへ行ってしまい、何度も「声掛け」してやっと気付くことも珍しくありません。好きなことをやっている時は、そういうことはありません。

家では勉強でつまずくと、パニックになって自分の頭をガンガン叩きます。

優しい面もあるのだけれど

学校では給食の重い食器を進んで運ぶなど、優しい面がある一方で、友だちとのトラブルも目立ちます。

太っている女の子に、面と向かってデブと言ったり、髪の毛の少し薄い影山くんにハゲヤマと言ったりするからです。先生が「なんで、そんなことを言うの」と、その事情を聞いても、順序立てて話すことが苦手です。

休み時間は同学年の男子たちの輪に入ってドッヂボールなどで遊ぶことが出来ますが、臨機応変に動くことは難しいようです。それで下の学年の子の仲間に入ろうとするのですが、断られるので物を投げるなど乱暴なことをしてしまいます。

WISC-Ⅳと服薬

学習面では一斉授業では付いていくのが難しくなっています。単純な計算は出来ますが、式を立てるのは苦手です。調べ学習は、先生とマンツーマンでなければ進めることが出来ません。音読では、読んでいる行の隣の行を読んだりしてしまいます。昼からはボーッとするのが目立ちます。

ＷＩＳＣ－Ⅳなどの心理検査を行った後、七月からＡＤＨＤ治療薬のストラテラを開始しました。同じ年の十月頃には、昼からもボーッとすることなく授業に取り組めるようになり、計算も速くなりました。十一月頃にはテストで点も取れるようになり、十二月には集中出来る時間が長くなったとの報告がありました。その頃にはお母さんの焦りもなくなっていました。

その後も服薬を継続しながら、勉強に何とか付いていくこと出来て、友だちとのトラブルもなく学校生活を送ることが出来ました。

遠い風景から日常へのコメント①

学習内容の抽象度

小学一年生の時は、お母さんが一所懸命に勉強を教えていたこともあり、学校では勉強の遅れは目立たなかったようです。

担任の先生は、心配なのは、むしろ友だちとのトラブルと言います。自閉スペクトラム症を持つ子によく見られるトラブルです。「デブ」とか「ハゲ」とか、Zくんにしたら単なる見た目の表現で、さほど悪意を持ってはいないと思いますが、もちろん普通は言うべき言葉ではありません。

ZくんのWISC－Ⅳでの全検査IQは79（低い～平均の下）で、自閉スペクトラム症でもあるので、この学校で勉強するのはかなり難しい状況でした。小学三年生からは科目数も増えることから、学習面でハンディキャップのある子には厳しくなってきます。

小学四年生からは、さらに学習内容の抽象度が増していくので、抽象的なものの理解が難しい子にとっては、ますます勉強が厳しくなっていきます。Zくんは、小学二年生まではお母さんの特訓で何とか学校での勉強に付いていくことが出来ました。その頃は毎日朝の五時から勉強をしていたようです。小学三年生からも引き続きの努力とADHD治療薬の効果で、何とか希望の中学にも進むことが出来ました。

ＡＤＨＤ治療薬の効果

薬物療法の経過は、ストラテラの最大用量で継続していましたが、それでも途中で集中力を欠くようになりました。そこで他のＡＤＨＤ治療薬インチュニブに変更することで治療効果を維持することが出来ました。

ところで「ふーっと意識がどこかへ行ってしまい」というのは、頭の中に別の考えが浮かんでくることが多く、自閉スペクトラム症の特徴と言ってもいいでしょう。したがって、これに対してはＡＤＨＤ治療薬の効果があまり期待出来ないところではあります。

チック症、目が勝手に動く

また、Ｚくんにはチック症が見られます。チックとは、突発性、急速、反復性、非律動性の運動または発声のことです。無意識に急に身体の一部が動きます。「音読では読んでいる行の隣の行を読んだりしてしまいます」と本文中に書きましたが、これは眼球が急に動くために起こるもので、チックの症状です（表４－２）。

自分では気付きませんから、黙読をしている時には飛ばしたところも読んだ気に

表4-2　チック症の症状と発症年齢

チック症の症状	
単純運動チック	**単純音声チック**
・まばたきをする ・首を急速に振る ・手を振る ・肩をすくめる ・しかめっ面をする ・眼球運動 ・歯ぎしり	・咳払いをする ・鼻をすする ・吠える ・シューという音を出す ・ウッウッという音を出す ・急に大声を出す
複雑性運動チック	**複雑性音声チック**
・自分を叩く ・飛んだり跳ねたりする ・相手の身振りを真似する	・特定の単語を繰り返す ・汚言（猥褻な単語あるいは相手を冒瀆する発言をする） ・同語反復（自分の発した音や単語を繰り返す） ・相手の音声を真似する

＊トゥレット症候群は、運動チックと音声チックが同時に起こる神経精神疾患。

チックに罹患する年齢	
発症	4歳から6歳頃
症状が重くなる	10歳から12歳頃

＊15歳頃から減少。青年期には消失する場合が多い。
＊男女比　3〜4：1

なってしまいます。そしてなぜ本の内容が頭に入っていないのかが自分でもわからなかったりします。この場合、目が勝手に動くことがあり得るということを知っておくことが大事です。

症例② U・Z　九歳（小学校三年生）男子　自閉スペクトラム症　気分障害

育てにくさ

Uくんには小学六年生のお姉さんと六歳と三歳の弟がいます。お母さんは四人の子どもの中で、小さい頃からUくんに一番の育てにくさを感じていました。お母さんにはUくんの言動は自分に都合のいいことばかり言っているとしか思えないのですが、もし背景に発達的な問題があるのなら、より良い対応をしたいと考えました。

それでスクールカウンセラーの紹介で、小学三年生の三学期に当院を受診されました。

説明上手

Uくんは十か月健診の時に、「ちょうだい」とか「どれ？」といった話し掛けに答えずに自分の興味の向くままのことをしていたので、もう一度健診に来るように指示を受けたと言います。ただ一歳から通園している保育園では、活発な方で友だちとも一緒に遊べていました。

小学校では、よく物を無くし、例えば気が付けば筆箱の中の鉛筆や消しゴムが無かったりします。また学校で靴下を脱いで、そのまま忘れて帰って来たりもしました。

初診の時のUくんは、最初の直接の質問に対しては、「はい」とか「ふつう」などの短い答で終わってしまいました。ところがお母さんに質問した時には、Uくんが会話に口を挟み、状況を自ら説明してくれました。お母さんは説明が苦手で、むしろUくんの方が説明上手です。

睡眠に関しては、「夜ちょっと目をつぶっているけど眠れない。眠れへんのはずっと。(布団に入るのは）八時ぐらい。十一時ぐらいに寝る」と語ってくれています。

読書が好き

学校では、授業に取り組むのは難しいようですが、最初にスムーズに入ると出来ることがあるなど学習にムラがあり、授業中の立ち歩きがあります。ノートやプリントに書くことはほとんどしませんが、先生の質問や投げ掛けには、すぐに思ったことを口にします。読書は好きで、読みたい本があると集中して読み続けます。授業に集中出来ない時は、勝手に読書をしているか、近くの友だちに話し掛けたりします。もちろん宿題などの提出物は出しません。

生活面では、ジャンパーや体操服が脱いだ状態で床に落ちていたり、プリント類が机の周りに散らかっていたりします。みんなと同じスペースでは収まりきらないので、Uくんの持ち物を入れる場所を特別に指定しているぐらいです。また、上靴を脱いで裸足でいることも多いようです。

ルールにこだわる

一方で、日直や給食当番の仕事はしなくてはいけないことと思っていて、他のことをしている時でも声掛けをすると素直に応じます。

友だちとは関わりを持ちたい方で、相手をして欲しい友だちに対しては、身体ごとくっ付いて行きます。また、友だちが嫌がる言葉を口にして、相手が嫌がるとよけいに言い続けます。

ルールに対する「こだわり」があり、自分が守れていなくても、他の人が守っていないと怒り出します。勝負にこだわって、勝負に負けると相手がズルをしたせいだと言い張ります。こういうトラブルがあった時には、なかなか気持ちの切り替えが出来ません。一学期には、カーッとなって友だちを殴り付けるようなことがありましたが、今はUくんが「キレる」までのことを周りがやらないので、殴り付けるまでのトラブルはありません。

病名を告げる

小学四年生になると、弟が一年生に入って来たこともあって頑張っています。四月の受診の時には、Uくんの前で病名を聞かれたので、「特定不能の広汎性発達障害（ＰＤＤ－ＮＯＳ）」と「気分障害」の病名を伝えましたが、Uくんには不機嫌な様子は見られませんでした。

六月には四月からの頑張りで疲れたのか、授業に参加せずに一日中、本を読んで過ごすことが多くなりました。そしてUくんは冗談のつもりだったようですが、また友だちを叩くということがありました。七月には学童保育で、言うことを聞かない下級生に、「何で言うことを聞かんのや」と怒ることもあり、相変わらずのトラブル続きです。

気分安定薬

そこで薬物療法を提案したところ、Uくん自身も服薬してみたいと言うので、気分安定薬を処方しました。服薬後、効果をあまり感じないとのことでしたが、夏休みに入ることもあり増量せずに服薬を継続してもらいました。

二学期からは、一学期よりトラブルが多くなりました。後からわかったのですが、九月はほとんどお薬を飲んでいなかったようです。トラブルが増えて慌てて、十月からまたきちんと服薬するようになったとのことでした。きちんと飲んでからも、運動会をきっかけに発展したトラブルがありました。

Uくん自身は目立ちたい方なので、運動会で目立っていた子が気に入らなくて、意地悪を言ったりして最後には手が出ることがありました。授業中も執拗に絡むので、相手の子が学校を行き渋りになったりしました。

十月末の受診の時には、Uくん自身も止められない自分に困惑していたので、気分安定薬を増量しました。増量後は落ち着いてきて、徐々にトラブルは減ってきました。薬も自分できっちり飲んでいます。小学五年生の時も服薬を継続して、大きなトラブルなく過ごしました。

小学六年生になると薬は飲みたくないと言い、時々飲まない日が出て来ました。飲まない日はテンションが高いので、学校の先生は気付くようです。

夏休みは休薬し、二学期からは服薬を続けました。しかし小学六年生の終わりには「病院に行くのは嫌」と言うようになりました。

遠い風景から日常へのコメント②

薬なしでやる覚悟

中学校に入ってからは薬を飲まないと言うので、中学生からは服薬なしで経過を見ました。小学校高学年からは、自分のことを色々と考えるようになり服薬を止めたがる子が増えてきます。

中学になると友だちの手前なおさらです。気分安定薬を止める時は、まず本人の気持ちを確認して、薬なしでやる覚悟を決めてもらいます。そして衝動コントロールが難しいと周りが判断すれば、服薬を再開する旨を伝えて同意してもらいます。そうすると何とか頑張れることが多いようです。

Uくんもその後は服薬することなく過ごし、地域の人気の進学校に入学し、月に一回から二回は頭痛で休むものの、頑張ることが出来ました。

症例③　L・T　九歳（小学校三年生）男子　自閉スペクトラム症

逃げ場所は洗面所

Lくんは乳幼児健診では問題はなかったのですが、幼稚園ではマイペースで、みんなと何かをするのが嫌いでした。また「新しいことに対しての不安」が強くありました。

これは「失敗したらどうしよう」と考えてしまうからのようです。遊びの時は友だちと一緒に楽しそうにしていました。

また自分の思い通りにならないと気が済まないこともあり、歌やダンス、演奏等の発表会前の練習には嫌がって参加しませんでした。でも本番では何とかなっていました。「こだわり」が強く、こうしたいと思ったら、気持ちが切り替えられずにイライラを募らせることが多くありました。それでも暴れて物を壊すということはなく、その場からいなくなってしまいます。家では洗面所がＬくんの逃げ場でした。

お父さんとそっくり

お母さんはこれらのことが心配だったので、小学校に入ると教育相談を受けていました。その経過の中で、Ｌくんの特性をはっきりさせた方がよいだろうということで、通級指導教室の先生の紹介で、小学三年生の五月に当院を受診しました。お父さんは一度も病院に来たことがないのですが、お父さんはＬくんがそのまま大人になった感じだと聞いています。

「ブランコやな」

診察の時の質問には、ややぶっきらぼうに答えますが、質問されるのが嫌というのではなさそうです。仲の良い子は「十六人ぐらい」と言います。「みんなとどんな遊びをするの」と尋ねると「ブランコやな」と答えていました。

勉強は嫌いで、特に算数が嫌いと言います。しかし、掛け算は「覚えるのが楽」なので、嫌いではないようです。他には「犬が嫌い」と言います。「吠える、舐《な》める」のが嫌な原因のようです。

「音」が苦痛

小学一年生の時は、Lくんにとって学習内容は簡単だったようで、嫌がらずに勉強していたようです。ただ、不協和音のような音が苦手で、学校での音楽の授業を苦痛に感じることがありました。

「わからない」

小学二年生の一学期から「漢字が覚えられない」、「『顔』と『頭』がわからんようになった」、「算数の引き算がわからない」、「文章題がわからない」、「怒られてばかりでイライラする」などと訴えるようになりました。

自分がわからないと感じたら、プリントやテストを破ったり、机や椅子を蹴って倒したりしていました。「みんなと同じが嫌、書くのが嫌い」と言い、新しいことに対する不安で、教室を黙って飛び出して何時間もオープンスペースで過ごすことがありました。

しかし、学校の支援で、二年生の一年間で自分のその時々の思いや考えを言葉で伝えることがだいぶ出来るようになり、イライラしてしんどい時は自分からクールダウンの場所に行くことが出来るようにもなってきました。

暑いから、裸足

小学三年生になって、クラス替えもあり担任も変わりましたが、席を立って何処かへ行くことはなくなりました。席は立ちませんが、授業中に学習に参加することは諦めて別の本を読んでいることはあります。

全校集会の場は暑いので、暑いのを嫌って参加しません。普段から暑がりで、よく裸足になっています。

「目の使い方が不器用」

また、先生の話によると「目の使い方が不器用」と言います。先生が気になるのですから、かなり目立つ状態と思われます。三年生になって、友だちはLくんに対して少し引いてしまい、Lくんは独りで過ごすことが多くなってきました。

抗不安薬＋ADHD治療薬

学校や心理検査の様子を見て、小学三年生の八月から抗不安薬を開始しました。二学期からは、不安からのイライラが減って、学習面では計算が出来るようになりました。漢字も書けるようになりましたが、書字自体の拒否感は続いていました。

小学四年生は概ね落ち着いて過ごしましたが、小学五年生では周りの音が気になると言い、音への過敏さが再び前景に出て来たため、六月からADHD治療薬も併せて服用することになりました。その後は大きな問題なく小学校を終えました。

遠い風景から日常へのコメント③

知能の高さと学習成果の差

他の施設でLくんに施行した知能検査（WISC－Ⅳ）の結果は、FSIQ（全検査IQ）118、VCI（言語理解指数）115、PRI（知覚推理指数）141、WMI（ワーキングメモリ指数）115、PSI（処理速度指数）76とPSI以外は平均よりも高い値を示しています（90パーセント信頼区間で数値を変更）。PSIが低値なのは、先生が「目の使い方が不器用」とおっしゃったことと関係があるのかも知れません。

知能の高さに比して、実際の学習の成果が芳しくないことは、自閉スペクトラム症ではしばしば見られることですが、Lくんの学習には不安も影響していたようです。抗不安薬の使用で、「この計算はこれでいいのかな」とか、「この漢字はこれでいいのかな」という不安を持たずに、自然に学習出来たことで、良い結果が得られたようです。

「きたない音」が苦手

音への過敏さは、しばしば「聴覚過敏」の一言で片付けられることが多いのですが、その内容は人様々です。Lくんの場合は不協和音のような「きたない音」が苦手なようです。この感覚の問題はずっと持続していたのですが、全体が落ち着いて来たため前景に出て来たのです。これは自閉スペクトラム症を持つ子の場合よくあることです。

ここでは差し当たりLくんに必要な薬が処方されたことになります。

Lくんは自閉スペクトラム症の「こだわり」のため、日常生活で「いらつき」を見せることはありますが、概ね自制出来る範囲内で過ごしています。

そして物作りへの「こだわり」が、逆にLくんの生活を豊かにしています。Lくんは高等専門学校に進学したのですが、そこでの物作りのプログラムに喜んで参加しています。

コラム

二人の一寸法師

三太郎

昔話と言えば「三太郎」が有名。「金太郎」、「桃太郎」、「浦嶋太郎」。そのストーリー、詳しく知らなくても名前は知っていますよね。内容も、桃太郎は「川上からドンブラコッコと大きな桃が流れて来て」と始まり、また浦嶋太郎は「子どもたちにいじめられていた亀を助けて、その亀が恩返しにと竜宮城に連れて行き」と始まるお話、というところまでは知っていますよね。結末は、桃太郎は鬼退治をして金銀財宝を手に入れ、きれいなお姫さまを娶《めと》りと、ハッピーエンド。浦嶋太郎は、なぜか竜宮城の乙姫様からのお土産の「玉手箱」を開けておじいさんになってしまいます。このあたりもうっすらとは記憶しているのでは?

ところで金太郎は?——ストーリーがありませんね。「鉞《まさかり》担いで、熊に乗ったり、相撲を取ったりして山で遊んでいる子ども」というぐらいしか。謎の子どもですが、誰も金太郎のこと、「不思議の子ども」と思わないくらい有名です。

「小さ子」

日本の昔話の分類に「ちいさご」、小さ子の物語があります。この中には桃太郎も入っています。

でも何と言っても私たちが思う、小さ子は「一寸法師」でしょう。一寸法師も名前は誰でも知っていますが、ではその物語の筋は？　と言うと——「お椀の舟に箸の櫂《かい》」——もう少し知っている人だったら、「確か彼は刀を持っていた」——それは「針の刀で、鞘《さや》は麦わらだった」とか、結末は桃太郎とそっくりだったとかそのあたりは知っていますよね？

しかしこの一寸法師、実は二つの型を持っているのです。一つは今語った「お椀の舟に箸の櫂」の「一寸法師」で、鬼より奪った「打ち出の小槌」で大きくなるという型、もう一つは最後まで背丈は小さいままなのですが、そのままの姿で「望みを叶える」という型。

一つ目の私たちが知っている一寸法師は江戸時代にその形を整えられ、今に語り継がれているもの。もう一つは「室町時代」の「御伽草子《おとぎぞうし》」という絵本・絵巻で語られた『小男《こおとこ》の草子』というものです。

『小男の草子』、こちらは現在ほとんど知られていませんが、ほのぼのとしたあたたかみのある、いかにも室町の物語らしいお話です。この二つの「小さ子」譚《たん》を比べてみると興味深いことがわかります。

『小男の草子』

室町の不思議な男の子のお話を見てゆきましょう。彼の背丈は、「一尺」。約三十センチメートル。それでも「一寸法師」の「一寸」の十倍の背丈です。年齢は？　年を経て二十歳そこそこになりました。それでこのまま田舎に埋もれているのも口惜しいと、父母の止めるのも聞かずに都に奉公に出ることに致します。一寸法師の方は両親に「化け物」呼ばわりされて、十二、三歳で家を出て都に上ります。

小男には名前がある本もありますので、ここではその名で呼ぶことに致します。「とし久」と言います。とし久は自分の背丈のことを全く気にしていません。

友だちもいます。その友だちの一人に、「大刀《おおがたな》」を借りて都に上ります。

都に着いたとし久、早速に宿を求めそこにしばらく逗留。そして折角都に来たのだからあの清水寺《きよみずでら》に参ろうと出掛けます。そこで親切な女人に出会いその人を主として、働き口を世話してもらいます。それが、清水寺の松葉掻きです。とし久、清水寺でそこそこ働いては、時々さぼり、また松葉を集めてと、結構適当に働いていたその時のことです。

「清水詣で」にやって来た美人に、一目ぼれ。この恋のこと、主の女房に相談します。主は言います。

「それならば使いを出してあなたの思いを伝えましょう」

「いえ私はあの人に文を書き

美人と対面

「背が低い？　それって何か問題あるの」……臆《おく》することなく、美人に恋心を歌で伝える「とし久」。『小男の草子』全一巻。室町末期。天理大学附属天理図書館蔵。

たい」

主はこの小さな子に手紙が書けるのかしら、と疑いますが、とし久は立派な文章を書きます。それで美人と会うこととなります。

美人の家に着き、植木の影で待つのですが、とし久があまりに小さいので、美人は最初人と気付きません。人と気付いた時はさすがに驚きますが、縁側に上げて、語り合うと、とし久は歌を歌って、美人と対応します。その歌があまりに素晴らしいので、美人もとし久に魅かれ、二人は結婚します。そして玉のような緑児《みどりご》を得ます。とし久幸福なること限りなし、というお話。

そのまま、そのまま

ここで重要なのはとし久は、背丈はそのままに、美人と結婚します。一寸法師の方は背丈がフツーの人と同じになって姫と結婚します。ここに二つの「小さ子」譚の大きな違いがあります。室町の『小男の草子』と江戸時代の「一寸法師」。おそらく〝時代〟が、この〝差〟を作ったのです。

『小男の草子』では、とし久が大きくならないというところに、大きな意味があります。「そのまま」でいいのです。「そのまま」がいいのです。みな同じである必要はないのです。「フツーとは何か」を、この二つの小さな男の子の物語・「小さ子」譚を読むと考えさせられます。

自閉スペクトラム症からこの物語を見れば、知恵を働かせて成功する「一寸法師」は新しい脳が考えた物語、ぼやーっとしているように見えて実は歌の達人であったという『小男の草子』は古い脳が生んだ物語と言えるのではないでしょうか？

『小男の草子』には、後日譚《ごじったん》（注1）があって、実は小男は京は五条の天神《てんしん》であったと語られます。そして美人は聖観音《しょうかんのん》であったと。この物語、神仏の前世譚《ぜんせたん》でありました。

注1　後日譚　『小男の草子』には、異本が多くあり、その中には神仏の前世譚を説かず、その代わり、小男を二メートル余りの大男にするものがある。

症例④ Z・T 八歳（小学校三年生） 男子 自閉スペクトラム症 不安障害

「心配性」の心配

Zくんが小学一年生の時に、何がきっかけかはわかりませんが、お母さんは発達のことを心配してZくんを連れて児童相談所に相談に行きました。しかし、「特に問題はない」ということで後の相談には繋がることはなかったようです。

小学三年生になって、Zくんは「時間割合わせを何回もする」など、お母さんは「心配性になっている」ことが心配で、小学三年生の九月初めに病院を受診しました。

「心配性の病気」

お母さんの話では、Zくんの心配性は小学三年生からとのことですが、Zくん自身は「小学二年生の冬休みの終わりから『心配性の病気』だった」と言います。

胸がドキドキしたり、喉がつかえたりして、お腹も張った感じがするようです。学校では「叩かれたり蹴られたりする」のが嫌で、しかも先生にも相談が出来ていないということでした。

不安の背景には自閉スペクトラム症があるだろうと推察されましたが、身体が悲鳴を上げている状態ですので、まずは抗不安薬を服用してもらいました。「薬の飲み始めはちょっとだけ眠かったけど心配性はましになった」と言います。十月には知能検査などの心理検査を行って、学校の先生とも面談をしました。

「いじめ」が恐い

先生によると、夏休み明けから不安定で、一度何かが気になると気になって仕方ない様子だったと言います。友だちの行動に対してもそうですが、友だちのちょっとした冗談も真《ま》に受けて気に病むようです。

学校では真面目で、何事にも一所懸命に取り組みます。授業中は集中出来ているようですが、文意を読み取るのが苦手なようです。国語では作文が苦手で、算数では計算は出来るのですが、「文章題」が苦手です。また手先が不器用で、コンパスで円を描くのも上手く出来ません。

十二月の診察では、「学校で叩かれたり、『殺す』と言われたりするから、学校に行きたくない」と言います。お母さんの話では、笛を取り上げられたり、蹴られたりしたとのことで、相手は先生が何度注意しても聞かない子だとのことです。また、他の子からも、叩かれたり、ほっぺたをつねられたりしたと言います。

先生が恐い

Ｚくん自身は真面目なので先生から怒られることはないのですが、他の子を注意する先生に「恐さ」を感じています。一、二年生の時の先生とは普通に接することが出来ましたが、三年生の時の先生には「恐さ」を感じるようになりました。四年生も三年生と同じ先生で、四年生の間もずっと同じ「恐さ」を感じていました。

五年生の時に担任は代わりましたが、たまたま校内で、前の先生と顔を合わせた時には、やはり同じ「恐さ」を感じました。

小学校の間は「いじめ」と先生の「恐さ」で時々休むことはありましたが、小学六年生の頃はだいぶ軽減されていました。

そして中学校は楽しく通えるようになり、中学一年生の夏で薬物療法は終了となりました。

遠い風景から日常へのコメント④

強迫行為

強迫行為の中には、「確認に関する強迫行為」というものがあります。例えば、「戸が閉まっているかが心配で何度も確かめる」とか、「ストーブを消したかどうかを何度も確かめる」というものです。

Zくんの「時間割合わせを何回もする」というのも、形式的には「確認」に関する強迫行為ですが、原因の一つには先生に対する「恐さ」があるようです。

小学三、四年生の時の担任の先生は、確かに少し声が大きめですが、一般的には恐怖を与えるようなものではないと思います。

「恐さ」の源泉

自閉スペクトラム症の子の、こういった「恐さ」の源泉は思いもよらぬところにあることがあります。もちろん先生の声の大きさや、他の子に注意する時の迫力に原因があるのかも知れませんが、もう一つ思い当たる節があります。

それはZくんのお父さんです。お父さんは短気で、運転中のちょっとした交通トラブルでも相手に突っかかっていくような人です。Zくんはお父さんに対しても、日常的に恐さを感じています。先生はお父さんと同じ年齢なので、ひょっとしたら、先生への「恐さ」はお父さんに対しての「恐さ」が関係しているのかも知れません。もちろん全く別のことが原因かも知れません。

他の人の例では、富士山を恐がる人の原因が、「富田さんに怒られたこと」でした。「富」という字が共通だからという理由です。

辛い体験

もう一つの大きな問題は「いじめ」です。自閉スペクトラム症を持つ子は、相手が挨拶のつもりで肩をポンと軽く叩いたことを、「叩かれた」と言って「いじめ」と感じることがあります。一般的には「いじめ」とは考えられないことも、その人にとっては「いじめ」であり、実際に大きなストレスを感じています。

Zくんのクラスには暴力を働く子がいて、他の子も被害にあっています。Zくんの「いじめ」には、本当に叩かれたり蹴られたりしたことと、Zくんの特性から「いじめ」と感じた「いじめ」の二通りがある可能性があります。もちろん本当の「いじめ」も、いじめでない「いじめ」もZくんにとっては同じ「いじめ」で、辛い体験です。

新たな問題

Zくんの場合、小学三年生で担任が代わり、その「恐さ」のために自閉スペクトラム症の問題が顕在化したと考えられます。一度、専門機関に「来なくていい」と言われると、当事者は再度受診する勇気が持てません。Zくんの事例は発達障害をフォローしていく大切さを実感させる事例と言えます。

また薬物療法で一部の症状が軽減すると、新たな問題が見えてくることが多々あることも自閉スペクトラム症の特徴かも知れません。Zくんの「恐さ」は、「心配」が抑えられた後、はっきりと出て来ました。

症例⑤　T・L　九歳（小学校三年生）　男子　自閉スペクトラム症　気分障害

担任の先生との連携

Tくんは乳幼児健診では特に問題となることはなかったのですが、保育園の時は友だちを噛んだりして泣かせていました。

ご両親によると、小学一年生の時は、学校から「問題になるようなこと」は何も知らされていなかったと言います。また小学二年生の時は、「授業中に立ち歩くことがあった」ということは聞かされていたようでしたが、そんなに大きな問題とは思っていなかったようです。

後に小学三年生の担任の先生に伺った話では、Tくんは「二年生の時は、二重人格になって、暴走が止まらなかった」ということですから、小学一、二年生の担任の先生が、学校での問題をご両親にきちんと伝えていなかっただけのようです。

家でも急に怒ったりして感情のコントロールが難しかったので、小学三年生になって、学校から病院の受診を勧められた時には、むしろ進んで受診を希望されました。Tくんはご両親に連れられて、小学三年生の八月に受診されました。

小児科に通院

初診時は特に不機嫌になることもなく質問に応じてくれました。スポーツ少年団でサッカーをやっていて、将来の夢はサッカー選手だと言います。勉強は嫌いで家ではゲームを好んでやっています。学校での嫌なことは、「アホ」とか腹が立つことを言われた時ということですが、困っていることは特にないと言います。

ご両親の話では、人の気持ちを逆撫ですることを言うので、家でも弟との喧嘩はしょっちゅうです。急に怒って弟を叩いたりするのですが、怒っている時のことは覚えていません。

勉強を嫌がり、ご両親が強く言うと暴れたりパニックになったりするとのことで、その時は顔付きが変化して険しい顔になります。あと、指吸い、爪噛み、おねしょが気になると言います。おねしょに関しては、小児科に通院しています。

言葉がきつい

初診時は夏休みだったので、学校のトラブルはありませんが、夏休みは弟と過ごす時間が多いので、弟への暴力が目立ちました。また夏休みの宿題を全くやろうとしないので親が叱ると、過度に反応して暴れ出します。それで二学期を待たずに気分安定薬を開始しました。

十月半ばに担任の先生に話を伺うと、一学期は周りの様子を見ておとなしく過ごしていたようです。ところが二学期になると、周りにちょっかいを出して、反撃されると、今度はTくんが反撃し、その反撃がエスカレートすることが週に一回ぐらいあるということでした。Tくんが消しゴムを投げた相手に、消しゴムを叩き返されてトラブルになった時、先生がTくんに事情を聞くと、自分が原因だったことをすっかり忘れて、相手が叩いてきたことばかりを説明します。

怒るとやはり顔付きが変わるので、トラブルのない子たちからも恐がられています。授業中はおとなしいのですが、友だちが間違った時には、自分が言われて嫌な言葉「アホやな」など、相手を傷つける言葉が口をついて出てきます。それでみんなからは言葉がきついと思われているようです。

「薬を止めたい」

気分安定薬を服薬して、徐々にではありますが急に怒り出すことは減ってきていました。勉強は自ら進んでやることはありませんが、親から言われると以前のように暴れることなく取り組むことが出来ています。

サッカーは大好きでずっと続けています。親の言うことはなかなか聞きませんが、サッカーのコーチの言うことならスッと聞きます。小学四年生になると、小さなトラブルはあるもののずいぶん落ち着いてきて、四年生の秋頃からは服薬を忘れることが増えてきました。五年生の三学期には、Tくんから「薬を止めたい」という希望があり、ずいぶん落ち着いて来たこともあって、六年生からは薬を中止にして様子を見ることになりました。

学力の低下

中学校に入って学力の低下が目立って来ました。小学校の時は、全体の中の上ぐらいだったのが、中学では下になりました。気分安定薬は中止のままです。

計画的にやるのが苦手で、やる気のスイッチがなかなか入らないのが問題です。中学一年生の十月にＡＤＨＤ治療薬を提案しておきました。

その後、二学期の終わりに三者懇談があり、先生からは「色々なことに手が出て切り替えが出来ない」という指摘があったということで、家族で話し合われＡＤＨＤ治療薬を試してみたいということになりました。冬休みに入る頃から服薬して、以後も続けています。その効果があったようで、学習にも少しずつ取り組めるようになり、成績も持ち直し、高校は志望する高校に合格することが出来ました。

遠い風景から日常へのコメント⑤

嫌な言葉「ちゃんと」「きちんと」

Ｔくんは自分と思いが違うことに対して、日常的に過度に怒りを表出していました。周りの人から見れば些細なこととしか思えないようなことで、なぜそんなに怒るのかわかりません。

先生が「ちゃんと掃除をするように」と言うと怒り出します。「ちゃんと」というのがよくわからないこともあり、Ｔくんとしては「自分は掃除をしているのになぜ注意を受けないといけないのか」と思っているようです。「きちんと並べ」と言われた時も、怒っていました。友だちのちょっとしたルール破りも、大きなトラブルに発展させてしまいます。冗談がわからずトラブルになることもあります。

PDD－NOS再考

Tくんは、DSM－Ⅳ－TRでは特定不能の広汎性発達障害（PDD－NOS）と分類されるタイプなのですが、DSM－5の自閉スペクトラム症になってこのタイプが見落とされやすくなっています。

気分障害や不安障害の背景にPDD－NOSが存在することを意識しておくことが、Tくんの経過を見ていくことにおいては大切です。ADHDが前景に目立つ時は、しばしば難治のADHDと見られることがあり、いたずらにADHD治療薬の変更をすることだけで、経過が見られていることがあります。

因みにDSM－5では、PDD－NOSも自閉スペクトラム症の「スペクトラム」の一つです。自閉スペクトラム症の理解の要ともいえるPDD－NOSに、再度注目しておきたいものです。

症例⑥　F・J　九歳（小学校三年生）男子　自閉スペクトラム症

不機嫌・パニック・暴言

Fくんは、幼稚園の時には独り勝手なことをして、みんなと一緒の活動が出来ないことがよくありました。

小学一年生の時には、五月頃から授業中に立ち歩いて、他の子にちょっかいを出すようになりました。小学校に入る前から自分の名前の読み書きは出来ていたようですが、漢字を書いていて、「ここは撥《は》ねるよ」などと、指導を受けると、不機嫌になってプリントを破ったりすることがありました。お母さんは、一年生のうちに先生が何回も変わったことが原因なのではと思っていました。

小学二年生になって立ち歩きは少しましになってきましたが、ノートが上手く写せず、パニックになって先生に暴言を吐いたり、隣の女の子の首を絞めたりしたので、学校に勧められて教育相談センターに相談に行きました。しかしその後も自己流のやり方を変えられない、友だちとの喧嘩も多いなど、良い変化が見られなかったため、学校と教育相談センターに勧められて、小学三年生の六月に当院を受診しました。

百パーセントを目指す

初診の時は緊張することなく言葉のやり取りが出来ました。椅子にも落ち着いて座っています。嫌いなことは勉強で、宿題は嫌々やっているとのことです。好きなことはサッカーです。

家では勉強がうまく出来ないとパニックになるようです。また親の言うことはなかなか聞いてくれませんが、いらついて暴れたりすることはありません。

学校ではサッカー仲間がたくさんいます。しかし、人の嫌がることを平気で言うことがあり、しかもしつこいのでしばしば喧嘩になることがあります。授業中の取り組みは興味・関心や気分に大きく左右されます。他の子が当てられた質問に対しても、興味があるものは勝手に先に答えてしまいます。気持ちが落ち着いている時は、学習にも取り組めるのですが、何事も百パーセントを目指すので、課題が多いと焦って興奮しながら文句を言います。そして、興奮すると物を投げたりすることがあります。

教育相談センターの検査では、漢字の書字が困難とありましたが、担任の先生の話では漢字は得意とのことでした。また、作文は苦手で、手先が不器用という特徴があります。

気分安定薬を服薬

気分が変わりやすく、気分によって学習の成果が変わっていたようですが、しばらくは投薬せずに様子をみることになりました。

しかし、九月になって運動会の練習が始まると、練習で嫌なことがあったようでイライラすることが増えました。運動会のポスターの内容が不服だったようで破いてしまうことがありました。好きなサッカーでもイライラして上手くいきませんでした。そんな時は顔付きも恐い顔になっていました。

運動会の練習でイライラしていたことは自分でも気付いていたようで、十月の診察の時にはFくん自身も薬を飲みたいと言って来ました。それで気分安定薬を服薬してもらうことにしました。その効果があってか落ち着いて勉強が出来るようになりました。相変わらず、相手を傷付けるような発言はみられましたが、以前のようなしつこさはなくなりました。

服薬の問題

中学校に入って彼女が出来て、そのことが関係してか服薬を嫌がるようになりました。そして、しばらくは服薬せずにいましたが、中学三年生になって受験勉強を始めるようになると、再び服薬を開始しました。勉強は進むようになりましたが、周りのアドバイスを聞き入れずに受験した公立の難関校は不合格で、私立の中堅の進学校に進むことになりました。

高校入学後は、再び薬は飲まずにやっていこうと考えたようで、Fくん自身の通院はありません。その後はお母さんのみの通院ですが、お母さんが病院に相談に行くことも、Fくんにとっては不満のようです。

遠い風景から日常へのコメント⑥

服薬への抵抗

初診時から本人は勉強が嫌いと言っていましたが、本音ではずっと勉強のことが気になっていました。しかし中学校になってからの学習の成果は、自分が期待していたレベルには及びませんでした。

塾にも通っていたのですが、塾の先生のアドバイスも聞き入れず、もちろん親のアドバイスも聞き入れない状態でした。

高校は大学進学に力を入れている高校で、勉強が中心の生活なので、対人関係の苦手さは目立ちません。ただ定期考査ごとに気分が不安定になっていますので、出来れば高校卒業までは服薬を継続してもらいたいところですが、高校になってからは服薬する気が全くありません。

障害を認めたくない

服薬を開始する時に、本人または家族が心配されることは、いつまで服薬しなければならないかというところです。ケースバイケースということになりますが、Fくんの場合は、行動にみられる衝動コントロールの問題を指標にすれば、服薬は小学生の間だけで良いということになります。

しかし学習の成果を考えれば、高校生まで服薬する方が良いように思います。一般に小学校の高学年ぐらいから、多く服薬への抵抗がみられます。Fくんは、彼女の手前、たとえ黙っているとしても薬は飲みたくなかったようです。
高校からの服薬への抵抗は、障害を認めたくないというところでしょうか。

薬物依存は？

子どもの時から服薬を開始して、それで薬物依存になったというケースは一例もありません。成人を診られている精神科の先生方も、依存よりも如何にして服薬を継続してもらうかの説明に多くの時間を割いているように思います。

症例⑦

S・U　八歳（小学校三年生）　女子

自閉スペクトラム症　知的障害
中枢性思春期早発症

大人と遊ぶ

Sさんは歩き始めが遅く、一歳八か月でやっと立ちました。そのことで病院には通っていたのですが、乳幼児健診でも言葉の遅れは問題にならなかったと言います。幼稚園に行くのは嫌がりませんでしたが、自分から進んで友だちと遊ぶことはなく、ほとんど先生などの大人と遊んでいました。

普通学級に進学

小学校は普通学級に進学しました。学習面での理解が弱かったため、お母さんが心配して先生に相談したところ、病院を受診することを勧められました。そこで小学三年生の八月に病院を受診しました。

初診時には緊張することなく、質問には短いながらきちんと答えてくれました。学校では、「男の子に意地悪される」ことが嫌と言いますが、意地悪の内容を聞くと「わからん」と答えます。仲の良い子は「十人ぐらい」と言い、一緒の遊びは「一輪車」と言います。将来なりたいのは「ケーキ屋さん」です。勉強は嫌いと言いますが、特に勉強に「困り感」はなさそうです。

取り出し授業

お母さんが学習面の心配で受診されたわりには、特別支援学級という考えはありませんでした。Sさん自身も特別支援学級を嫌がっており、小学三年生になって、週二回二時間だけ別室での「取り出し授業」をやっと受け入れてくれたようです。

学校では口数が少なく、友だちとの関係は悪くないようですが、友だちの話にあいづちを打つ程度のコミュニケーションです。運動は苦手で、歩いているのか走っているのかわからないような走り方をするのですが、一輪車は乗ることが出来ます。しかしみんなで一輪車で遊ぶということはなく、独り一輪車で遊んでいるといった具合です。

動揺がない

算数は単純な計算だけは出来るのですが、文章の理解が難しいので「文章題」は出来ません。国語は全般に苦手です。漢字は一度覚えても、すぐに忘れてしまいます。

学校帰りは、たいてい一人なのですが、それでも学校は楽しそうです。三学期には生理が始まったのですが、それで動揺することはありません。Sさんは小児科で「中枢性思春期早発症」（注1）と診断されています。

「困り感」がない

小学四年生も普通学級で、初めての男性担任で少し緊張したようですが、学校には楽しく通っています。勉強はあまり出来ませんが、本人は「困り感」がなく、本人なりに一所懸命に勉強に取り組んでいるようです。両親もさほど気にする様子もなく、特別支援学級に通級することはありませんでした。本人も両親も困り感がないので、通院の際には現状確認をする程度の関わりです。

自覚がない

中学校も特別支援学級は希望されず、公立中学の普通学級に進級しました。中学の先生の話では、中学でも学習面の訴えはなかったと言います。学年では下から三十番目ぐらいの成績で、対人関係は自覚なく協調性がないとのことでした。

遠い風景から日常へのコメント⑦

被害感がない

知能検査は、小学三年生と中学進学の参考に小学六年生の時に施行しました。いずれも全検査IQは50台で、IQの数値としては軽度知的障害に当たります。

P－Fスタディ（三十八頁注2参照）の結果も併せてみると、人の言動から状況を理解することがかなり難しそうです。仲のいい友だちは十人ぐらいと言っていましたが、実際は同じ特性を持つ一人の子と仲良くしていたぐらいです。

Sさんは、周りを見て、状況を理解出来ずに不安になったり、被害感を持ったりすることがありません。「うなずき」だけで対人関係が取れていると思っています。受動的な子なので周りからの攻撃もないようです。たとえ周りから通常なら嫌と感じることを言われても、そのことも理解出来ないのだろうと思います。普通、急に生理が始まったら、幾分かは動揺するかと思われますが、それもありませんでした。

先生の理解

学習面では、単純な知的操作は出来るようです。本来なら特別支援学級に行けば、もう少し学習面での成長が期待出来ると考えられますが、本人も両親も特別支援学級のことは、先生が何度説明しても気にも掛けません。

学校の先生がSさんの特性を良く理解して対応して頂いたこともあり、小学校、中学校ともトラブルなく過ごせました。

注1　中枢性思春期早発症　脳の視床下部から出た放出ホルモンが下垂体に働きかけ、女性の場合、エストロゲンという性ホルモンが分泌され、平均年齢よりも早くに「思春期」を迎える症状。胸が膨らみ生理が訪れ、と心身に変化がもたらされる。「恥ずかしい」という想いがストレスに繋がることがある。

コラム

安寿と厨子王丸

お岩木様

姉・安寿姫と弟・厨子王丸のお話は「山椒大夫《さんしょうだゆう》」という物語で良く知られています。映画にもアニメにもなりました。この「山椒大夫」のもとは説経節という、庶民に愛された「語り物」です。江戸時代の文芸です。

そのストーリーはとても哀しい……しかし最後はハッピーエンド。このお話には「原話」があります。「お岩木様一代記」と言います。津軽のイタコが語った物語です。「山椒大夫」とは少し話は違いますが、最後はやはりハッピーエンド。と、言うか「神さまの由来譚《ゆらいたん》」になっています。こんなお話です。

神の誕生

昔、津軽に住むある男のもとに加賀から「おさだ」というものが嫁いで来ます。そして三人の子をもうけます。第一子は、つそう丸、第二子はおふじ、そして末っ子が安寿です。十六歳から十八歳にかけて産んだ三人の赤子。その父は「どうも年が合わぬ」と妻を疑います。おさだが旅の聖《ひじり》と浮気をして産んだ子であろうと、安寿を疑います（安寿は庵主の意と）。

それで生まれたばかりの赤子・安寿を海辺の砂の中に埋め「これで、三年生きていたら、俺の子と認めよう」と。安寿は生きていました。しかし父の疑いは晴れず今度は板の船で海に流します。それでも安寿は生きていて、最後は津軽の岩木山の神として立ち現われます。神は受難・苦難の末に誕生するというお話です。因みに、つそう丸は

説経節「山椒大夫」の安寿と厨子王丸

姉弟は丹後へ、母・御台所と乳母の姥竹は佐渡へと、人商人《ひとあきんど》の舟は西と東に別れゆく。天下一説経与七郎正本『さんせう太夫』上・中・下。明暦二年。天理大学附属天理図書館蔵。

富士山、おふじは小栗山《こうごりやま》の神であったと。

山椒大夫と「父」

何と、残酷な！　あまりにむごいお話です。この「父」は一体どうしてここまで末子の娘を疑い、信じられない仕打ちをするのでしょうか。説経「山椒大夫」でも、弟の厨子王は姉の身を捨てての庇護のもと、山椒大夫から逃れて立身出世をし、母とも再会しますが、姉の安寿は、厨子王を逃した後に死んでしまいます。

安寿の悲劇には深いものがあります。この説経節とイタコの語りでは、姉と弟が兄と妹に入れ替わっています。また「おふじ」という安寿の姉も説経節では出てきません。そう、「説経節」では、高貴な父も安寿の前には登場しません。

そうなのです。この安寿の悲劇を作り出すのが、実は「父」であり、即ち山椒大夫なのです。「お岩木様一代記」の「父」は山椒大夫に重ねられています。安寿の悲劇はこの「父」という存在にあります。

安寿恋しや

「お岩木様一代記」の母は、「安寿」の悲劇に泣くばかり、泣いて泣いて泣いて目を潰してしまいます。目が見えぬ故、稲を害する雀を追う「鳥追い」となります。

「山椒大夫」の母もまた佐渡での過酷な労働で盲目となり、「鳥追い」となります。ここにこの話の語り手として盲目の「イタコ」の姿が見えてきます。

母はいつも子を想い、子のためなら我が身はどうなっても良いと……母とはそういうものです。安寿と厨子王の母もそうです。

そして安寿と厨子王の関係も姉・弟というより、母と子の関係に近いものがあります。

しかしこれでは安寿は救われません。そこで説経節「山椒大夫」では、「安寿恋しや、ほーやれほ」と、鳥追いの母が歌うのです。厨子王の名も、乳母の「うわたき（姥竹）」の名も呼ばれます。「お岩木様一代記」の母はこの「鳥追い歌」で安寿を慰撫《いぶ》します。

「あんじゅが姫ア　恋しいじゃ、ほいほい」

山の神

安寿は、「山椒大夫」の、そして「お岩木様一代記」の主人公（ヒロイン）です。安寿伝説を語る徒がいたのです。この女人の悲劇を語った者とは一体どんな人たちだったのでしょう。

話を最初に戻しましょう。安寿は岩木山の神でした。この物語を語って歩いた徒はおそらく、加賀白山から出たのでしょう。その語りが津軽に入って、イタコのカタリとなったのでしょう。語り手の初めが「加賀白山の徒」と思うのは「あんじゅ」が最初に語る言葉「國のお岩木様は加賀の國に生れだる私《わだし》の身の上」に依ります。これはカタリです。文字に書き留められた歴史・史実ではありません。カタリは語られている間に変容します。そして多くの伝承・伝説を生み落とします。奇跡・奇瑞が生まれます。

説経節の「山椒大夫」の語られた跡にも「安寿伝説」が色濃く残っています。丹後由良では、やはり安寿は神として祀られ、女人の信仰を集めています。命日の七月十四日には、今も供養が手厚く行われています。

「こころ」を育てる

ここでまず学んでおきたいのは「いじめ（虐待）」です。「父」の、「山椒大夫」の、安寿への執拗ないじめ、このカタリ聞くものは大人も子どもも「こころ」を痛めます。同時に子どもたちは「こころ」を育てます。昔の教育です。わざわざ「教育」と言わなくても、涙涙で聞く物語から「こころ」を学ぶのです。そして「いじめ」の悲惨さを知るのです。

「この話の続きア　まだ（また）するからなア」

症例⑧　N・T　八歳（小学生三年生）　女子　自閉スペクトラム症　不安障害

お母さんと離れたくない

Nさんは歩き始めも話し始めも遅れはなく、乳幼児健診でも問題は見られませんでした。幼稚園の時は、行き渋りをして、家を出るのが大変でした。特に年少の時は、妹が生まれたこともあって、お母さんと離れるのが嫌で毎朝泣いていたと言います。幼稚園は人数が少ないこともあって、受動的ながら、友だちと遊ぶことは出来ました。

小学校も小規模の学校に行くことになりましたが、一年生の頃からお母さんに学校まで送ってもらわないと登校出来ない日も多くありました。そして学校に着いても、お母さんと別れる時には泣くことが多かったようです。新しい環境や新しいことを経験する時に不安が強く、一年生の時は、細かいことを一つ一つ先生に確認しに行っていました。二年生の時も先生が頼りの生活です。

家では、荒れて物を投げたり癇癪を起こしたりします。学校も家も一年生の時よりはましになっていたようですが、三年生になって一年の時のように不安が強くなって来たために、両親は本人が楽になるのなら薬物療法も考えたいと思い、小学三年生の七月の末に両親とともに病院を受診しました。

時々お腹が痛い

初診時は、少し緊張するものの、質問に対しては短いながら回答をしてくれます。具体的な状況を説明することは苦手なようです。

夏休みに入っていたので、学校がある時ほど、お腹が痛くなることはないようですが、それでも時々お腹が痛くなるようです。夏休みも外出はあまりしたがらず、お母さんと一緒でないと不安なようです。

一学期は、お母さんと登校して、お母さんが保健室まで付き添います。それから保健室の先生が教室まで付き添っていくのですが、朝から教室に入るのはなかなか難しい状況でした。それでも教室に入ってしまえば普通にしているようですが、自分で考えて行動するのが不安で、事細かに先生に確認しないと安心して行動出来ません。

しかし、みんなとの遊びにも参加することが出来るし、帰りは友だちと一緒に帰ります。学習面では、意味を理解するのは苦手なようですが、勉強が目立って出来ないことはないようです。

抗不安薬を処方

初診時に不安の薬の説明をして、二学期の様子を見て処方することにしましたが、夏休みが終わる頃は、二学期が始まる不安でいっぱいで常にお腹が痛い状態が続いていました。そこで抗不安薬を処方し、二学期を迎えることにしました。

二学期に入ってからも腹痛はみられましたが、両親は「薬がお腹に効いている感じがする」と言います。運動会のあとにホッとして、時々学校を休むことはありましたが、お腹痛はあまり言わなくなりました。

十二月の診察の時は、少し自分のことを話してくれました。小さい時から学校に行きにくかったこと、友だちとの接し方がわからないのでクラスに入りにくかったことなどです。人から何か言われると、「きついことを言われたと思いやすい」と言います。今は担任の先生とは話しにくく、保健室が避難場所になっているとのことで、薬を飲むと「ちょっとましになる」と言い、睡眠も取りやすいと言います。

「不安」と付き合う

冬休みの終わりは、早く友だちに会いたいと言い、腹痛が強まることなく三学期を迎えることが出来ました。二月に入って、「カルタの取り合いで学校に行きにくくなった」と言い、二週間ほど休むことがありましたが、その後は普通に登校出来るようになりました。春休みには自ら習字を習いたいと言って、一人で習字を習いに行っています。

四年生はスムーズな滑り出しで、腹痛を訴えることはありませんでした。自分の不安にも上手く付き合えるようになって来て、十月からは薬を飲まずにやっています。

遠い風景から日常へのコメント⑧

年齢と不安障害

不安障害は、子どもの場合は、特に出来るだけ早く薬物療法を行う方が良いのではないかと思います。就学前や小学校低学年で不安に打ち勝つ気持ちや考えを持つというのはなかなか難しいと思います。

さらに心配性な自分を責めてしまうことさえあります。Nさんも小学四年生になって、少し不安との付き合い方を身に付けたようです。四年生の十月には薬を止めたといっても、不安が強い時には自分で判断して服薬をしていました。

身体症状・腹痛がサイン

Nさんは身体症状として腹痛があったので、周りからも気付かれやすく、受診に繋がりました。お母さんは、ずっと自分の育て方が悪かったのではないかと悩んでおられましたので、後ろめたさもあって小学三年生まで受診という考えはなかったようです。幸いお父さんも理解のある方なので、学校の勧めに応じて、薬物療法を選択肢に含めて受診されました。

診断名の告知の可否

自閉スペクトラム症については、Nさんの不安のベースとしてある「特性」として告げて、診断名の告知はしていません。

小学校高学年からは対人関係が難しくなっていく年代です。これから自閉スペクトラム症を前景に取り扱わなければならなくなっていきます。

症例⑨ B・T 八歳（小学校三年生） 男子 自閉スペクトラム症

関東から関西へ

Bくんは小学校に入る前までは、関東のある都市で過ごしていました。小学校に入る時に、お父さんの仕事の都合で関西に引っ越して来ました。

関東と関西の言葉の違いでとやかく言われることはなかったのですが、Bくんは関西の言葉には少し馴染めませんでした。特に小学三年生の担任の先生の言葉は、Bくんにとってきつく感じることがありました。そのこともあってか、担任との仲が上手くいっていないようで、休み明けには「学校に行きたくない」と言うようになりました。そこでお母さんがスクールカウンセラーさんに相談したところ、病院の受診を勧められました。

小児科クリニック

Bくんは、幼稚園までは特に目立った問題がなかったようですが、小学校に入ってから、字を書くことや絵を描くことが苦手で、集中力が続かないことが目立ってきました。

そのため小学二年生の時に小児科クリニックを受診しています。そこでは発達検査（新版K式発達検査二〇〇一）をして、その検査結果を聞くだけに終わっていました。そういう事情もあったため、スクールカウンセラーさんはBくんの発達の問題の再評価も必要と考えて、病院の受診を勧められたようです。そしてBくんは、小学三年生の十二月に両親とともに病院を受診しました。

「この世の終わり」

初診時から、Bくんは緊張することなく質問に答えてくれました。嫌なことは、「学校生活のこと」と言い、具体的には「Aちゃんが、『そんなことやったらダメ』と強く言う」、「僕のクラスの先生、大げさかなと思うぐらい怒る。言い方が強い」などと話してくれました。関西弁に違和感があるのかどうかは、この段階でははっきりしませんでした。

先生によると、学校では集団行動にすんなりと入れないと言います。授業中はボーッとしていることが多く、声を掛けないと鉛筆で遊んだりしています。先生は質問を席の順にしていくのですが、普通なら、順番が回って来る心づもりをしていて答を考えているのですが、Bくんはボーッとしていて当てられても答えることが出来ません。

段階を追っての作業は、そのつどの説明が必要です。作品を見て、感想を述べることも苦手です。ノートの字は枠内に入りませんし、やる気モードが出ない時の文字は判読不能です。

遊びのルールがわからなくて友だちの中に入れないことがあります。例えば、鬼ごっこのような単純なものならいいのですが、ハンドベースボール（手打ち野球）のようなものは無理なようです。

感情の表出も極端で、じゃんけんに勝った時には、びっくりするぐらい大きな声で「ウォー」と叫ぶのですが、負けた時には、「この世の終わり」のような表情をします。また身体のバランスが悪く、運動は苦手です。

診断名を伝える

一月に心理検査を行ったのですが、その結果を伝える際には自閉スペクトラム症の診断名には触れずに、特性のみを伝えておきました。

三月に入って、担任との関係の終わりが見えてきたので、Bくんは楽しく学校に通うようになりました。三月の診察の時には、自閉スペクトラム症であることを伝え、授業中にボーッとしていることが多いので、ＡＤＨＤ治療薬を開始しました。

次に受診に来られたのは小学四年生の五月で、薬は両親の判断で四月半ばから飲ませたと言います。四年生は担任も代わって楽しそうに登校しています。

力が入らない

四年生の終わりに、先生に尋ねたＢくんの学校の様子は、以前のように授業中にボーッとしていることはなく、授業にも参加出来ており、順番に当てても答えることが出来ています。自分の思ったことは大声で言い、興味のないことは早く終わらせようとします。字を書くことは相変わらず苦手で、枠の中に入らず、書き写して問題を解くことを嫌がります。どうも指先にうまく力が入らないようです。また授業中もシャキッと座れないみたいです。

五年生になっても大きく変わったことはありませんでしたが、授業はボーッとすることなく聞くことが出来ています。ノートを取るのは相変わらず苦手ですが、苦手ながらも頑張って書いているようです。

本は好きでよく読んでいるのですが、読み取りの問題はあまり得意ではありません。

日常生活では、相手の気持ちを汲み取ることが苦手です。泣いている女の子に「泣き過ぎやろ」と言って、他の子に注意されてしまい、なぜ注意されたかわからずに困惑してしまうことがありました。また怒っている相手のことを気に掛けない、ある意味正直な言動で、さらに相手を怒らすこともありました。

服薬チェック

六年生になって、少しボーッとしていたり、「いらつき」が増えたりすることがありました。服薬を本人に任せたために飲み忘れが増えたからのようです。もう一度、お母さんが服薬をチェックしてくれるようになって元に戻りました。成績はずいぶん上がって、中学校は難関中学に入学することが出来ました。

遠い風景から日常へのコメント⑨

苦手な先生

小学三年生の担任の先生は、特に関西弁が強いという訳ではありませんが、やや声が大きめではっきりした物言いをする先生でした。Bくんが苦手だった原因はわかりませんが、大きい声に少し恐さを感じていたのかも知れません。

確かにBくんには、音に敏感なところがあるのですが、自閉スペクトラム症を持つ人が音に敏感な場合、嫌な人や物などの音に特に敏感になることがありますので注意が必要です。

もともと何かの原因で、先生を恐がったり嫌がったりするようになって、そこから先生の大きな声が苦手になったということもあり得ます。結局何が原因で三年生の担任の先生を嫌がったのかは、わからずじまいだったのですが、四年生以降は苦手の先生もなく過ごすことが出来ました。

「障害告知」

Bくんが担任の先生を嫌がっている間は、両親もBくん自身の問題を受け入れるには抵抗があるかも知れないと思い、診断名即ち障害名を伝えるのは少し待ちました。「障害名はいつ告知するのが良いか」という質問をよく受けるのですが、それこそケースバイケースです。早いにこしたことはないのですが、「障害受容」が出来やすいタイミングを見計らうことが大切です。

Ｂくんはｌ＿ＡＤＨＤ治療薬を服用することで、授業への取り組みが良くなり、気分も安定して成績も上がりました。友だちとの関係も、先生が適宜介入することで少しずつ良くなってゆき、小学六年生ではトラブルもほとんどなくなりました。

終章
低学年の不安・恐怖、心配

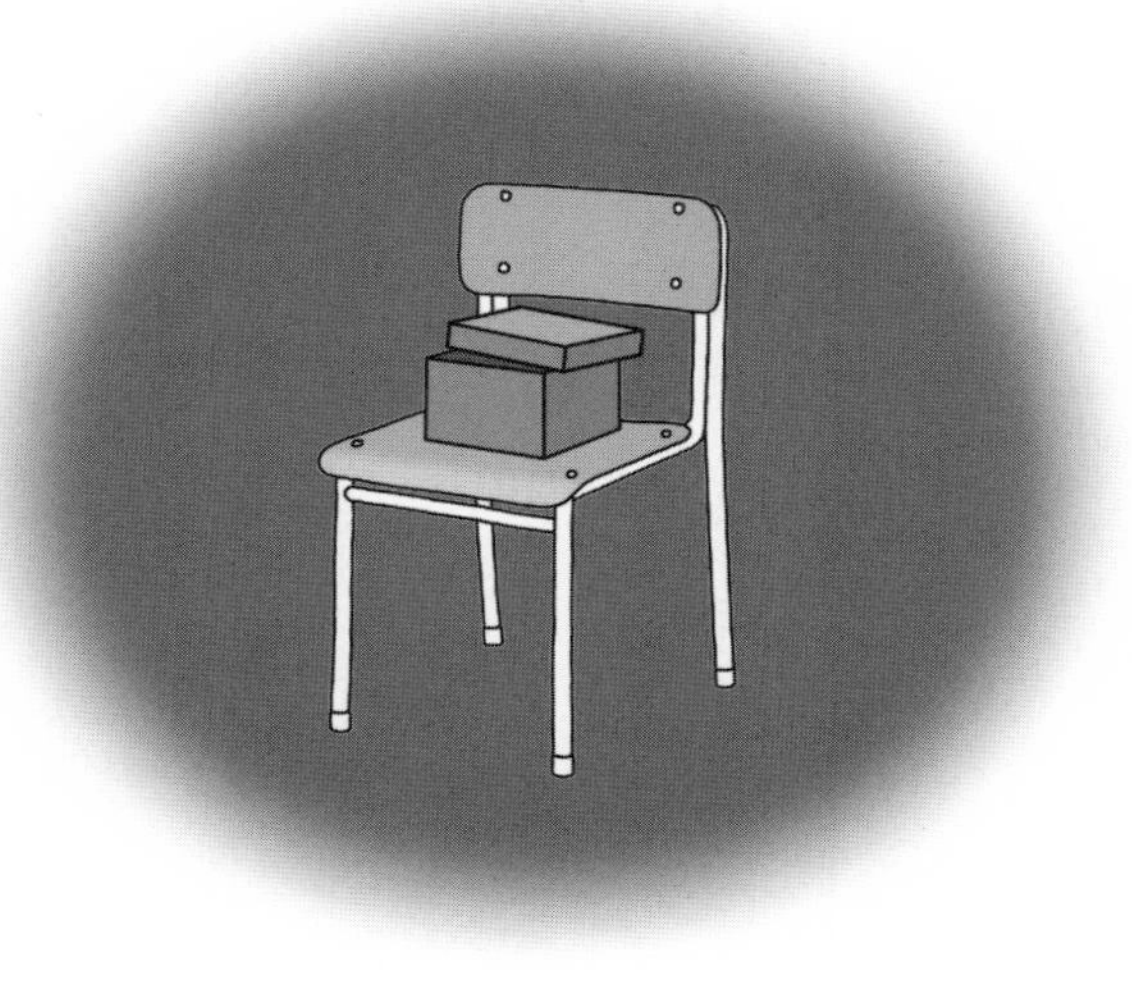

新型コロナウイルス

現在、新型コロナウイルスで世界中が大変なことになっています。ここ京都は大勢いた外国からの観光客が減り、自粛ムードで少し停滞した雰囲気があるものの、以前の京都が帰って来たような感じがします。

また新型コロナウイルスが大流行したことで、今まで見えていなかったことが色々と見えて来たようにも感じます。新型コロナウイルスの出現に、何かの意味を考えてしまうのが精神科医の悪い癖ですが、その癖はいったん脇に置いておくことにします。

子どもたちの反応

自閉スペクトラム症を持つ人の中には、不安や恐怖を他の人より、より強く感じる人がいます。子どもたちも同じです。そのため新型コロナウイルスの流行で、不安の症状が悪化するのではないだろうかと心配したのですが、今のところは、治療が台無しになるほどのことはありません。

確かに、最初は少し「ドキドキ」が増えたという子がいました。「吐いたらどうしよう」と思って、給食が少ししか食べられない子がいました。家族との外食も行きにくい子がいました。それも今ではほとんど問題はありません。「コロナは心配？」と尋ねても、「全然気にしてない」という返答がほとんどです。中には、「コロナの影響で新発売のゲームの発売日が遅れるのではないか」という心配をしていた子もいます。

「大縄跳び」

自閉スペクトラム症を持つ子の不安や恐怖は、ウイルスなどの〝もの〟に対してよりも、やはり「人との関わり」の中で始まるのが一般的です。ウイルスなどの感染を過度に恐れるのは、むしろ強迫性障害といった別の病気です。自閉スペクトラム症を持つ子どもたちは、人の考えや気持ちを読み取るのが苦手なために、その不安や恐怖は「人からどう見られているか」にあります。そのことがよくわかる例を挙げます。

小学校では、大勢で一緒に縄跳びをする「大縄跳び」を行います。「大縄跳び」は二十年選手の先生が、新任の頃既にあったと思うとおっしゃっていたので、少なくとも二十年は続いているのでしょう。そして、全国大会もあるようですから、日本全国どこでもある活動と思います。

自閉スペクトラム症を持つ子の中には、この「大縄跳び」が恐怖になる子がいます。「大縄跳び」が行われる日は、朝からお腹が痛くなって学校に行けません。朝に抗不安薬を飲んで、親が学校まで連れて行って何とか登校出来る子もいました。十年ほど前は「大縄跳び」が原因で不登校になる子が結構いて、「また大縄跳びか」と思ったほどです。

しかし、最近はそういう「大縄跳び」の恐怖を訴える子がいなくなっていたので、そのことをすっかり忘れていました。ふと、「大縄跳び問題」を思い出して、小学校の先生に「大縄跳び」のことを尋ねたところ、まだ変わらずやっているとのことでした。なぜ訴えを聞かなくなったのかはわかりませんが、今の学校の環境が、自閉スペクトラム症の子どもたちにとって、以前よりも過ごしやすくなっているのが理由なら嬉しいことですが。

低学年と高学年

「大縄跳び問題」は、小学校低学年の問題です。

人にどう見られているかを過度に気にする自閉スペクトラム症を持つ子どもたちは、高学年になると低学年と比べて問題はやや複雑になって来ます。高学年になると、友だち同士の繋がりがより強くなって来るからです。周りの友だちにどう見られているのか、それが心配になって来ます。

低学年の大縄跳びの恐怖では、「跳ぶのに失敗したらどうしよう」という比較的単純な心配だったのが、高学年では友だちの中でどう振る舞えばよいのかなどの複雑な問題に直面するようになります。

「良い子」

しかし、高学年になると周りのことを注意深く見ているので、親や先生から見れば友だち関係は良好と見られることもしばしばです。そんな「良い子」が、朝起きられなくて登校出来なくなってしまうことがあります。それで病院に行くと、対人関係で苦しんでいることが見逃されて、起立性調節障害とのみ診断されることがよくあります。「良い子」の自閉スペクトラム症にも気付いてあげることが大切なのに。

本シリーズ第三巻では、少し複雑なこころを持つようになった小学校高学年の自閉スペクトラム症の現われ方が、どうなるのかを見てゆきたいと思います。

資料

薬を学ぶ

薬とうまく付き合うために

①気分を安定させるお薬の特徴

②ＡＤＨＤ治療薬の特徴

向精神薬

精神科で使う薬の総称を向精神薬と言います。精神を良い方向に向ける薬です。良い方向と言っても、薬を飲むとそれまでの考え方やものの見方が、がらりと変わるという訳ではありません。その人の持っている本来の力を引き出すことが出来るようになるということです。

うつ病の話の中で、セロトニン（注1）という物質の名前を聞いたことがある人も少なくないと思います。脳は神経で情報を伝えるのですが、その神経と神経のつなぎ目にシナプス（注2）と呼ばれる隙間があります。このシナプスで情報を伝える働きをする一つの物質がセロトニンです。この部分のセロトニンが少ないと、うつの状態になると言われています。抗うつ薬の働きは、この少なくなったシナプスのセロトニンを本来の量に戻すことです。向精神薬には様々な作用機序がありますが、要は脳で行われている情報処理を本来の姿に戻すことが、向精神薬の働きです。

ＡＤＨＤ治療薬

本来の姿に戻すのは、早いにこしたことはありません。ＡＤＨＤでは小学校低学年の子どもでも、「身体が勝手に動く」というぐらい、自分が本来の姿でないことに気付きます。このようなタイプの子は、ＡＤＨＤ治療薬を服薬すると、たちまち本来の姿を取り戻します。ＡＤＨＤ治療薬は、このようにすぐに効果がわかるものから、徐々に効果が見えて来るものまで様々ですので、ＡＤＨＤのどういう行動に効いているのかをよく観察することが大切です。

現在は、ＡＤＨＤ治療薬として、インチュニブ（グアンファシン）、ストラテラ（アトモキセチン）、コンサータ（メチルフェニデート）、ビバンセ（リスデキサンフェタミンメシル酸塩）の四種類のＡＤＨＤ治療薬が使用出来、副作用を避けながら使える薬の選択肢が増えているので非常に助かります。

抗精神病薬

ＡＤＨＤの治療は、ＡＤＨＤ治療薬があるのでわかりやすいのですが、自閉スペクトラム症の場合は、自閉スペクトラム症治療薬というものがありません。一応オーラップ（ピモジド）という抗精神病薬には、「小児の自閉性障害、精神遅滞に伴う諸症状」について保険適応があるのですが、副作用の問題もあり、今ではほとんど使われていないのではないでしょうか。

抗精神病薬では、「小児期の自閉スペクトラム症に伴う易刺激性」に対して保険適応になっているリスパダール（リスペリドン）がよく使用される薬です。リスパダールは、自閉スペクトラム症ではよく使われる薬ではあるのですが、ADHDに対するADHD治療薬のような関係ではありません。病院で自閉スペクトラム症と診断は付いたものの、「自閉スペクトラム症の薬はないので、通院の必要はない」と言われたという方が結構いらっしゃいます。言葉は悪いのですが、教育や福祉の現場に丸投げです。薬物療法が必要なくても通院は継続した方がいいと思います。

薬物療法

実際は自閉スペクトラム症では、不安が強かったり、気分の波が大きかったり、イライラが強かったりで、薬物療法の出番は結構あります。また、ADHDの要素が含まれていることも珍しくなく、ADHD治療薬もよく使用される薬の一つです。

自閉スペクトラム症の薬物療法は、例えば不安を和らげながら、また気分の波を小さくしながら社会生活をスムーズにします。環境への適応を良くした中で成長すると、次第に薬が必要でなくなることもあります。もちろん、生活していると色々なことが起こりますし、自閉スペクトラム症と併せ持った疾患が後から目立って来ることもありますから、そう簡単にはいかないことも多いのですが。

服薬の心配

また、向精神薬の服薬を開始する時に、「一生飲まないといけないのですか」とか「止められなくなるのでは？」という心配を聞くことがよくあります。統合失調症という疾患だけは、基本的にずっと薬を続けておいて欲しいのですが、あとは花粉症の季節には花粉症の薬を飲むぐらいの気持ちでもいいのではないでしょうか。

注1　セロトニン　脳内の神経伝達物質の一つ。セロトニンを含んだニューロンは、脳幹の正中線にある縫線核群《ほうせんかく》に集まっている。そこから中枢神経系のすべての部位へ広く投射する。縫線核群のニューロンは、睡眠の様々な段階だけでなく、睡眠・覚醒サイクルの制御にも密接に関わっている可能性がある。

注2　シナプス　脳の中で信号を伝える神経細胞と神経細胞を繋ぐ〝つなぎ目〟。このつなぎ目で複雑な神経回路を作っている。そのバランスが崩れると、神経系疾患の発症となる。

	統合失調症のお薬		
ラミクタール	ジプレキサ	エビリファイ	リスパダール
ラモトリギン	オランザピン	アリピプラゾール	リスペリドン
興奮精神系伝達物質の遊離を抑制して、神経の過剰な興奮を抑える。	脳内の情報伝達系の混乱を改善。ドパミン、セロトニンの働きを調整して、統合失調症の陽性症状（幻覚・妄想・興奮）と陰性症状（無感情・意欲低下・自閉）を改善。	ジプレキサと同じく、統合失調症の陽性症状と陰性症状に、良い効果を発揮する。	小児期の自閉スペクトラム症の易刺激性の緩和。易刺激性とは、攻撃性（機嫌が悪くなり、甲高い声をあげ、人を叩いたり、物を壊したりする）と自傷行為（自分の身体を傷付ける）。
てんかんの治療薬。躁うつ病の「維持療法」にも用いる。	非定型抗精神病薬。多元受容体作用抗精神病薬。統合失調症治療薬。	ドパミン受容体部分作動薬。統合失調症治療薬。小児期（6歳から18歳未満）の自閉スペクトラム症に伴う易刺激性の治療薬。	非定型抗精神病薬。自閉スペクトラム症に伴う易刺激性の治療薬。統合失調症治療薬。
発疹発現時に早期に医師に相談。	血糖値の上昇。	投与早期に不安・焦燥。	非定型薬の中では錐体外路症状やプロラクチン値上昇をきたしやすい。
躁うつ病は、「躁（妙にはしゃぐ）」、「うつ（急激な気分の落ち込み）」を繰り返し、再発率も高いが、長期にわたる治療で、日常生活を保てるようになる。	内服は糖尿病では使用出来ない。	――	――

①気分を安定させるお薬の特徴

出自	躁うつ病のお薬	てんかんのお薬	
商品名	リーマス	テグレトール	デパケン、バレリン
一般名	炭酸リチウム	カルバマゼピン	バルプロ酸ナトリウム
効果	中枢神経に作用し、気分変動を抑制（感情の高まり、気分の沈みを抑える）。	脳内の過剰な興奮を鎮めて、気分の高まりを抑える。	脳内の抑制性神経伝達物質γ-アミノ酪酸（GABA）の濃度を抑制させる。またドパミン濃度を上昇、セロトニン代謝を促進して、脳内の「抑制系」を活性化させる。
種類	躁病、躁うつ病の躁状態治療薬。	てんかん、躁うつの躁状態治療薬。神経痛緩和薬。	てんかんの治療薬。性格行動障害（不機嫌・易怒性等）、躁状態の治療に用いる。片頭痛の予防薬。
主な副作用	リチウム中毒（手足の震え、嘔吐、意識の薄らぎ）。	眠気、注意力・集中力・反射運動の低下。	発疹発現時に早期に医師に相談。
その他	リチウムは最も古典的な「気分安定（調整）薬」。「痛風」の治療に用いられたのが薬としての初め。	長い歴史を持つ精神・神経薬。	片頭痛の発作の発症抑制に用いられる薬でもある。脳の神経を鎮める作用により、脳血管の異常な運動（収縮、拡張）が抑えられ、片頭痛発作の回数を減量。頓用薬としてではなく、予防的に定期服用。

②ADHD治療薬の特徴

商品名	コンサータ	ビバンセ	ストラテラ	インチュニブ
一般名	メチルフェニデート	リスデキサンフェタミンメシル酸塩	アトモキセチン	グアンファシン
種類	中枢神経刺激薬	中枢神経刺激薬	非中枢神経刺激薬	非中枢神経刺激薬
働き	神経伝達物質のドパミンの働きを強める。	神経伝達物質のドパミン、ノルアドレナリンの活性化。	ノルアドレナリンの働きを強める。	アドレナリン受容体に作用して神経伝達物質を受け取りやすくする。
効果	集中力低下、過活動、衝動性等の緩和。	注意力を高め、落ち着きを取り戻す。	集中力や注意力を高める。	脳内伝達物質の働きを調節し、神経伝達をよくする。
服用回数	1日1回（朝）	1日1回（朝）	1日2回（朝·夕） ＊子どもの場合 1日1～2回 ＊大人の場合	1日1回
持続時間	10～12時間 （夕方に薬効消失）	――	24時間	24時間
主な副作用	食欲低下 体重減少 寝付きが悪い チックの増悪	体重減少 低身長 チックの増悪 神経過敏	眠気 食欲低下 頭痛 めまい	眠気 血圧低下 息切れ めまい
その他	・午後の服用は避ける。 ・第三者委員会によって流通が管理されている。 ・徐放性製剤	・2019年12月3日発売の新薬。そのため使用経験が蓄積されるまでの間は、他のＡＤＨＤ治療薬の効果が不十分である場合のみの使用に留める。	――	――

主要参考文献

Edited by David Gozal and Dennis L. Molfese, *Attention Deficit Hyperactivity Disorder*, Human Press, 2010

ＡＤＨＤのことが幅広くわかります。興味のある章を拾い読み出来ます。

Eric Hollander, *Autism Spectrum Disorders*, Marcel Dekker, 2003

ちょっと古くなりましたが良書だと思います。

M.L. Bauman and T.L. Kemper, "Neuroanatomic observations of the brain in autism" *The neurobiology of autism*, Johns Hopkins University Press, 1994, pp. 119-145

アダム・オルター著、上原裕美子訳『僕らはそれに抵抗できない』ダイヤモンド社、二〇一九年

ゲーム依存について考えるヒントになります。

Bruce F. Pennington, *Diagnosing Learning Disorders*, The Guildford Press, 2009

一応読んでみたいという程度です。

DSM-III, The American Psychiatric Association, 1980

日本精神神経学会『ＤＳＭ－Ⅲ－Ｒ』医学書院、一九八二年

DSM-IV, The American Psychiatric Association, 1994

DSM-IV-TR, The American Psychiatric Association, 2000

日本精神神経学会『ＤＳＭ－Ⅳ－ＴＲ』医学書院、二〇〇二年

DSM-5, The American Psychiatric Association, 2013

日本精神神経学会『ＤＳＭ－５』医学書院、二〇一四年

星野仁彦・八島祐子・熊代永『学習障害・ＭＢＤの臨床』新興医学出版社、一九九二年

学習障害の一つの歴史の勉強にはなります。

Edited by Fred R. Volkmar, Rhea Paul, Ami Klin, Donald Cohen, *Handbook of Autism and Pervasive Developmental Disorders*, John Wiley & Sons, Inc., 2005

二巻あるハンドブックです。専門家なら揃えておいてもいいのではないでしょうか。

Edited by Roger Kurlan, *Handbook of Tourette's Syndrome and Related Tic and Behavioral Disorders*, Marcel Dekker, 2005

チック症のまとまったハンドブックです。大きなハンドブックではないので読みやすいです。

Hans Asperger, “Die „Autistischen Psychopathen“ im Kindesalter.”, *Archiv für Psychiatrie und Nervenkrankheiten*, 117, 1944, pp. 76-136

ウィーン大学に提出された、今では言わずと知れた名論文です。最初のところは精神病理のことを知らないと難しいかも知れません。もちろんドイツ語です。

ウタ・フリス編著、富田真紀訳『自閉症とアスペルガー症候群』東京書籍、一九九六年
　アスペルガーの論文の部分は、ドイツ語から英語、英語から日本語への訳なので、もとの論文と比べるとちょっと不正確かなと思います。

櫻井武著『「こころ」はいかにして生まれるのか』講談社、二〇一八年
　自閉スペクトラム症の症状を考える時、櫻井先生の著書はこの本に限らず色々な示唆を与えてくれます。

Leo Kanner, “Autistic disturbances of affective contact” *Nervous Child*, Philosophical Library, 1943, Volume 2 pp. 217-250

Lorna Wing, “Asperger's syndrome : a clinical account” *Psychological Medicine*, 11, Cambridge University Press, 1981, pp. 115-129

藤田哲也・浅野孝雄著『脳科学のコスモロジー』医学書院、二〇〇九年

M・F・ベアー・B・W・コノーズ・M・A・パラディーソ著、加藤宏司・後藤薫・藤井聡・山崎良彦訳『カラー版　神経科学――脳の探求』西村書店、二〇〇七年
　読みやすい教科書です。

索　引

あ 行

か 行

さ　行

た　行

な　行

は　行

ま　行

や　行

ら・わ　行

欧　文

コラム執筆：西川照子
＊138頁コラム「行動嗜癖」執筆は著者
図・表、注原案作成：エディシオン・アルシーヴ

《著者紹介》

崎濱盛三

（さきはま　もりみつ）

洛和会音羽病院神経精神科副部長

1958年、大阪府に生まれる。
1994年３月、京都大学医学部卒業。
1994年４月、京都大学医学部附属病院精神神経科入局。
1995年４月、京都大学医学部附属病院老年科入局。
1995年９月、市立舞鶴市民病院内科勤務。
1997年４月、水口病院精神科勤務。
1999年４月、大津家庭裁判所医務室技官勤務（非常勤）。
大津地方裁判所・家庭裁判所健康管理医
（2007年９月まで）。
2000年４月、滋賀里病院精神科勤務。
2002年４月、滋賀里病院心療内科勤務。
2004年４月、高松赤十字病院精神科勤務。
2006年２月、洛和会音羽病院神経精神科勤務。

現職

洛和会音羽病院　神経精神科副部長
滋賀県子ども家庭相談センター　児童担当嘱託医師
児童心理治療施設さざなみ学園　嘱託医師
同志社女子中学・高等学校　発達相談医療顧問
延暦寺学園比叡山中学・高等学校　教育相談スーパーバイザー

著書

『発達障害からの挑戦状』WAVE出版、2013年
『発達障害――精神科医が語る病とともに生きる法』〈思春期のこころと身体Q&A⑤〉ミネルヴァ書房、2019年

シリーズ・症例が語る「発達障害」②
小学校低学年　発達障害が映す子どもたち
――症状が表面に見えてくる――

2020年7月10日　初版第1刷発行　〈検印省略〉

定価はカバーに
表示しています

著　者　崎　濱　盛　三
発行者　杉　田　啓　三
印刷者　坂　本　喜　杏

発行所　株式会社　ミネルヴァ書房
607-8494　京都市山科区日ノ岡堤谷町1
電話代表　(075)581-5191
振替口座　01020-0-8076

冨山房インターナショナル・清水製本

ISBN 978-4-623-08947-5
Printed in Japan